Ester MONGALLA

AF142759

Mes deux moi
Aide-moi

Je m'appelle Ester Mongalla, du moins pour le temps de votre lecture. En effet, c'est en réalité mon pseudonyme. J'ai passé beaucoup de temps à me questionner, à savoir s'il fallait que j'inscrive mon nom, mais aussi mon prénom, qui souvent était oublié, déformé, celui que l'on me changeait quelques fois, je ne parle pas des diminutifs que mes proches me donnaient et qui ne me dérangeaient pas du tout, mais bien des prénoms qui n'étaient pas les miens. Par le simple fait qu'il ait si peu d'intérêt pour autrui, me faisait en avoir honte, je m'effaçais et faisais comme si ça ne me touchait pas. J'avoue aujourd'hui qu'en réalité, cela me blessait. On se souvenait de moi par mes caractéristiques physiques, mais ma vraie identité, celle qui n'atteignait pas la mémoire de ces personnes, finissait par s'estomper de mon estime, de ma fierté. Malgré le fait qu'aujourd'hui j'assume complètement tout ce qui est de moi, je me suis trouvé une deuxième identité, bizarrement, je trouve ça plutôt amusant et puis de cette façon j'ai la sensation de mettre ma famille à l'abri d'éventuelles remarques blessantes. Finalement, ce qui compte réellement, ce sont chacun des mots que j'ai écrit avec tout mon cœur et ma sincérité.

Alors ça y est, je me lance, j'écris mon histoire ou plutôt, je la continue, car beaucoup de ces pages sont celles que j'ai faites à la main ou à la machine à écrire, depuis mon adolescence. Je vous invite à présent à ouvrir les pages de ma vie.

(15 ans)

Je serais,

Belle, peut-être un jour,
Comme une lueur, certainement pas.
Celle qui trouve l'amour,
Comme les heures que l'on ne voit pas.
Aimée pour qui je suis,
Comme le soleil pour sa chaleur.
Parfumée du plus beau fruit,
Comme un sommeil sans douleur.
Heureuse comme au cinéma, et les rêves de femme.
Chanteuse d'opéra pour que mes lèvres s'enflamment.
Mère d'enfants gâtés, comme une famille, la mienne.
Mer vaguant de beauté, pour que ne brille plus la haine.
Être une maman heureuse, aimée et belle,
Qui, en ce temps de rêveuse, a peur de se brûler les ailes.
Vas-tu comprendre ces quelques mots,
Qui se bousculent dans mes rêves.
Ceux qui disent que la vie c'est idiot,
Et que la mort est souveraine.
Vas-tu m'aimer et me rendre heureuse,
Comme un souhait qui se réalise.
M'emmener au milieu des étoiles lumineuses,
Afin que je leur dise.
Vas-tu trouver la patience de l'amour,
Pour me comprendre, chaque jour
Lorsque je parlerai de mon enfance,
En voulant t'apprendre ce qui m'est lourd.

Chut, chut ! Ne faites pas de bruit, il ne faut pas la réveiller. Laissez-la prolonger son sommeil dans ses rêves fantastiques qui soulagent ses douloureuses blessures ; un jour, elle s'est endormie les jambes entre ses bras, la tête contre ses genoux, les yeux pleins de larmes et le cœur brisé. Son corps était devenu de glace. On ne pouvait plus la toucher ni la regarder, de peur qu'elle ne nous donne cette chose que l'on croyait contagieuse, cette maladie qui l'avait rendue si laide.

C'est mon rêve de fillette qui l'a cachée dans un endroit qui ressemble au paradis, où se trouvent tous ceux qu'elle aime, là où elle se sent en sécurité. Je la connais mieux que personne cette petite, et le lieu que je vous décris, c'est moi qui le lui ai prêté. Il suffit de suivre mes veines, jusqu'à mon cœur, là où elle s'est écroulée d'un profond sommeil.

Pendant plusieurs années, je me suis détachée de cette partie de moi que je détestais. Je me suis inventé une histoire, celle que moi seule pouvais comprendre et que personne ne pouvait m'empêcher de vivre. J'ai camouflé au plus profond de moi-même la petite fille triste et sale que j'étais. Je me suis créé un personnage souriant et joyeux, celui d'une gentille môme attachante et pleine de simplicité qui continuait à aller à l'école, au sport, à partager la vie de ses parents et de ses frères. Je pouvais à présent poursuivre mon existence tout simplement.

J'espérais tant que ses yeux allaient cesser de pleurer, que son cœur allait guérir et que son corps se réchaufferait.

Malheureusement, la petite fille que je reniais et que j'imaginais de la taille d'une fée, était toujours aussi mal. Il y a des cicatrices qui ne peuvent disparaître, mais il doit bien y avoir un moyen d'atténuer la douleur. Pourrais-je continuer à vivre ainsi encore longtemps ?

Dans tant de doutes et de questions, je préférais continuer à survivre de ce mal, penser que mes parents me croient heureuse, et les voir sourire chaque jour.

Ils m'ont donné cette force par l'amour et par toutes les petites joies quotidiennes. Ceci me servait à mettre de côté, dans mon cœur, cet endroit si secret, ce qui me bouffait la vie et qui me rongeait lentement, de plus en plus et qui me faisait perdre conscience de qui j'étais réellement, de ce qui m'entourait.

J'étouffais lentement, je me perdais. J'allais tomber, m'effondrer d'épuisement et de solitude ignorée. Au début, j'emprisonnais volontairement ma rage, ma haine, afin que rien ne se voie. Plus tard, mon corps refusa tout ce mal et finit par l'extérioriser. Lorsque l'on me contrariait, ce qui devenait de plus en plus fréquent en début d'adolescence, je m'enfermais dans la salle de bains et me griffais le visage autant que je pouvais le supporter. Il fallait que je sois moche, que je fasse peur, alors je me regardais, satisfaite par le reflet de mon miroir car l'on pouvait enfin voir la laideur qui me détruisait de l'intérieur et ceci semblait me soulager.

Chapitre I
Adolescence

(15 ans)

Parfois, j'ai l'impression que ma vie est mon ennemie la plus détestable, au point de vouloir la détruire pour ne plus souffrir, ne plus pleurer. Ça me prend comme ça, je m'arrête de respirer, je me défigure avec mes ongles, je voudrais en crever. Mais je me dis que peut-être un jour, tous mes soucis, toute ma souffrance partiront de mon cœur pour y laisser place à l'amour, l'amitié. C'est ma famille et mes amis qui me donnent espoir, le pouvoir de lutter, d'oublier.

Et voilà que je me remets à pleurer ; au point où j'en suis, un jour de plus, un jour de moins, ça ne compte plus, je ne les vois plus passer, le temps s'est figé. Je voudrais crier, hurler, mais je n'y arrive pas. Alors je m'efforce de penser à tous les jours heureux que j'ai pu passer. Je ne veux pas me plaindre. Il y a la guerre, la misère. Moi, j'ai connu le bonheur et je m'en souviens. Mes pensées me le font revivre. C'est une chance que d'autres n'ont pas, je voudrais pouvoir leur raconter pour qu'ils ressentent de la joie.

Pourquoi la nuit fait peur, le jour donne la vie et la mort nous hante ? Qui est-elle vraiment, la mort ? Nous ne le saurons que lorsque notre tour viendra. Nous sommes obligés de l'affronter, mais certainement qu'elle n'est pas si terrible, car elle peut nous soulager du mal de vivre.

Il faut que j'arrête d'écrire à présent. Je me fais peur. Je descends regarder la cheminée pétiller. Le feu séchera mes larmes et me fera sourire par sa beauté. Je garderai ce papier, au cas où ma mémoire s'efface, pour pouvoir me souvenir, avec l'espoir de le relire dans quelques années. Dans ce temps où je serai une femme, et que je serai heureuse. Mais je ne sais pas comment les choses vont avancer, alors je préfère vous dire adieu mes amis, mes frères, papa, maman, vous à qui je souhaite une vie merveilleuse, une vie qui vous ressemble.

Je ne montrais jamais ces lettres. Je n'arrivais plus à communiquer avec mes parents. C'était ma façon de pouvoir dire sans blesser. Pour chaque occasion, un anniversaire, une fête, je griffonnais un poème. Par ce biais, je leur disais ce que je ne pouvais plus exprimer.

(15 ans)

J'ai découvert cette peur qui me rend si brutale, qui me fait couler les pleurs, pour le moindre scandale. Je me trouve dans une pièce parmi tant d'autres, je mène la belle vie, puis je me retourne et là, tout est fini.

Il y a du feu partout, je suis coincée par la chaleur qui m'étouffe, les personnes que j'aime veulent m'aider en remplissant des seaux d'eau pour éteindre les flammes qui jaillissent dans tous les sens, mais elles sont bien trop grandes et trop violentes. C'est la grosse panique, je m'approche à peine de la porte que je me brûle. Comment vais-je pouvoir sortir de là ? J'essaie de parler à mes parents mais ils ne m'entendent pas, la fumée est trop épaisse.

Il faudrait une inondation pour me sortir de cet enfer. Je voudrais qu'il pleuve à flots afin de retrouver mes proches. À quand la pluie, l'eau de mer, l'eau de roche ? À quand l'inondation qui éteindra mes peines, qui me délivrera de cette chaleur qui m'étouffe et m'empêche de respirer, celle qui noiera ma haine pour que je puisse courir de l'autre côté ?

Je dois me redresser devant cette immense cheminée avec espoir, et attendre que le temps veuille bien me trouver un passage. Je dois continuer à croire qu'un jour peut-être, je retrouverai mes parents que j'aime infiniment.

Joyeux anniversaire de mariage,
papa et maman.

Votre fille qui vous aime

Pendant toutes ces années, j'ai gardé les textes écrits de mes mains. Il y en a tant. L'écriture m'a énormément aidée. J'avais l'impression de me libérer. Je ne vous cache pas que de les relire m'a bouleversée. Je savais que cette période de ma vie était très difficile, et je revivais à travers chaque mot la souffrance de mon enfance. J'étais partagée entre la douleur que j'avais en ce temps et cette envie que j'avais à présent de retourner en arrière, de me dire que ça irait, que j'allais y arriver.

J'ai décidé de lui parler comme si j'allais faire un voyage dans le temps, à cette enfant que j'étais. Je la revois en train d'écrire sur son bureau, avec son chat qui ronronne auprès d'elle. Le casque du walkman sur la tête, elle écoute une cassette de chansons tristes. Je pouvais passer des heures à exprimer, par le biais de mon stylo à encre, tout le mal que je ressentais. J'aimerais retourner dans notre maison, celle pour laquelle mes parents ont eu le coup de foudre. Lorsque, avec une grande émotion, ils nous l'ont fait découvrir pour la première fois, en nous disant à mes frères de cinq et sept ans et moi-même qui en avais dix, que c'était « notre maison », je crois bien que j'ai pensé qu'ils étaient devenus fous. C'était une ruine centenaire. Nous avons dormi tous les cinq dans la même chambre pendant plusieurs semaines afin de retaper les autres. En réalité, j'en garde de bons souvenirs. Pendant sept années, nous avons cassé et monté des murs. Nous avons fait d'un ancien établi, un terrain de pétanque, qui servait à se détendre lorsque la famille ou les amis venaient donner un coup de main. Puis il est devenu la salle à manger. De la grange où les animaux logeaient auparavant, un bel espace ouvert et couvert a prit place pour pouvoir célébrer les grandes occasions. De nos propres mains, des plus grandes au plus petites, nous avons fait de cet endroit délabré, une maison chaleureuse. Alors que j'ai dix-sept ans et que j'ai vécu des moments très forts, heureux et douloureux pendant ces dernières années, dans ce lieu, nous recevons un jour, un coup de téléphone. C'est moi qui réponds. C'était la mairie. Je passe ma mère à qui on annonce que notre maison allait être rasée afin d'agrandir la route. Dire que nous venions de finir les travaux avec une piscine, de laquelle nous avons profité seulement un été ! Dire que mon père est devenu handicapé d'un bras pour nous offrir un toit, celui que, sans scrupule, on nous détruit ! Aujourd'hui, j'ai ma propre maison, elle est à cinq cents mètres de l'ancienne, je passe sur cette route plusieurs fois par jour, je roule sur mon enfance. Alors que je ne pourrais plus jamais y retourner, dans notre maison, je m'imagine rentrer dans ma chambre d'adolescente, et de la femme que je suis devenue, je lui raconte, à la môme que j'étais, sa vie future. Ma vie présente. J'aimerais la serrer fort dans mes bras afin de pouvoir la réconforter, lui dire de garder espoir. Et, à mon tour, je lui écris :

« Tu te souviens de cette enfant, cette in-
nocente ;
Il y a déjà longtemps, et pourtant...
Que j'aimerais prendre sa main et
L'empêcher de se rendre à demain
De lui prédire son avenir, oui,
Que son rire devra mourir.
Mais voilà, je ne peux pas,
Ma voix se lasse de pourquoi,
Et le sort ne sort de mon corps,
C'est la mort qui vit encore.

Tu te souviens de cette fille si gentille ;
Il n'y a pas si longtemps, et pourtant...
Que j'aimerais prendre sa main et
La ramener dans le passé
Pour que le mien puisse être éteint
Et ne jamais se rallumer.
Mais voilà, je ne peux pas,
Mes souvenirs ne veulent partir,
Et dans ma tête rien ne s'arrête,
Ce sont les miettes d'une fillette.

Tu te souviendras de moi, rien que de moi ;
Et de ce joli temps, qui est le présent...
Que j'aimerais que tu me prennes la main
Pour me montrer le bon chemin,

Celui que tu as pris pour la vie
Ton destin qui est le mien.
Mais voilà, tu ne peux pas,
Je le saurai dans quelques années,
Et je suis sûre que mon futur,
Fera parure de mon armure.

Je me souviendrai de ce passé que j'aurais
partagé ;
Avec mes enfants si innocents…
Puis j'aimerais qu'il me prenne la main
Le prince charmant de mes vingt ans
Pour m'offrir le plaisir d'entendre le rire
De ma famille si gentille,
Elle qui est de toi et puis de moi.
Et voilà, ce que je vois,
La vie qui se guérit d'être devenue si jolie

Et dans mon cœur seront mes fleurs,
Mes petites filles adorées
Qui, dans ce temps,
Seront peut-être mamans
Et que je ne laisserai jamais faner. »

Entre quatorze et quinze ans, alors que je suis interne, je prends la décision de fuguer. J'en informe deux de mes amies, elles ne me croient pas. À leurs yeux, j'étais bien trop sage pour sécher les cours et partir errer, comme ça, juste sur un coup de tête. Pourtant lorsque la pause déjeuner se termine, elles entrent dans l'enceinte du lycée sans moi. Je ne pouvais pas y retourner ni là, ni chez moi. Continuer ma vie comme si de rien n'était.

8 mai 1996

(15 ans)

Chère famille,

Aujourd'hui, je pars à la recherche d'un nouveau cœur. Celui qui vous plaira. J'aurais dû partir bien avant, mais je n'avais pas bien compris mon destin. J'ai décidé de me laisser guider par l'intuition. Je vous en prie, ne vous en faites pas, car si je pars, c'est pour vous. Je vous complique trop la vie, elle sera beaucoup mieux sans moi et sans mon

caractère de gamine paumée. Je reviendrai, je vous le promets, mais il me faut du temps pour comprendre ce qui m'arrive, et savoir qui je suis vraiment. Ce n'est pas pour vous faire de la peine, bien au contraire. J'ai besoin d'être seule, le temps qu'il faudra, et après, tout redeviendra comme avant, nous serons de nouveau la famille soudée, heureuse, une famille merveilleuse.

Sachez que je vous aime et que jamais je ne vous abandonnerai, mais il y a des jours comme ça où tout va mal et où le vide doit se remplir.

Ce jour-là, je me suis éloignée de mon lycée, d'un pas sûr ; j'étais convaincue que c'était la meilleure solution. Je devais rester seule pour toujours. Avec mon sac sur l'épaule, j'avançais vers l'inconnu, celui que je crains tant. De temps en temps, je regardais derrière moi, le paysage était nouveau, beau par sa liberté qui devenait la mienne, et pourtant si triste. Le long de la route, des voitures me frôlaient, et si c'était mon père ? Non, il ne sait pas que je suis là, il me croit en sécurité dans ma classe. La peur s'installa doucement, mes pas ralentissaient. Je n'ai pas d'argent, j'ai des stylos, des cahiers, mon carnet de liaison avec ma photo et mes coordonnées, on ne sait jamais s'il devait m'arriver quelque chose, mes parents seraient au courant. J'imagine plusieurs scénarios, je me vois mourir de faim et de soif, je pourrais me faire enlever aussi. La peur finit par prendre le dessus, je me mets à pleurer, je suis tellement loin. Puis j'aperçois quelque chose scintiller, une lumière qui m'éblouit, c'était la vitre d'une cabine téléphonique. Mon cœur s'emballe un instant et m'allège d'un grand soupir de soulagement, j'ai aussi une carte téléphonique. D'une main tremblante, je l'introduis et, en composant le numéro de chez moi, espère que mes parents soient là. « Allô, papa, viens me chercher, j'ai fait une bêtise. »

Le 19 juillet 1997, j'ai seize ans. Je croise une copine en ville, elle me propose de sortir le soir même en boîte de nuit. Ce n'était pas prévu, mais mes parents me donnent l'autorisation. Je vais pour la première fois dans la salle karaoké, les filles voulaient chanter. Je rencontre un jeune homme de vingt ans, cette soirée-là. Nous avons un début de relation plutôt fragile, pour lui, j'étais une fille comme les autres, il voulait juste sortir avec moi car je lui plaisais. Une conquête de plus, d'ailleurs il hésitait même avec une autre. Pour moi, c'était autre chose, j'avais déjà eu plusieurs petits copains, mais ça ne durait jamais plus de deux mois. Dès que ça devenait un peu sérieux, enfin dès qu'ils voulaient passer à l'acte ou qu'ils commençaient à tomber amoureux, je laissais tomber, je fuyais.

Mais ce jour-là, je ne me doutais pas que ma vie allait changer et que j'allais me laisser prendre dans les filets. Ces filets que j'ai toujours réussi à esquiver, sans jamais trop de peine, à part une fois. C'est vrai que j'ai le souvenir de cet amour de vacances ; j'avais quatorze ans et j'avais complètement craqué sur un beau footballeur, il était très gentil, je me sentais protégée dans ses bras musclés. Mais évidemment après seulement quelques jours, il a voulu faire l'amour. Mon cœur, qui était si gros de passion, s'est mis à diminuer très rapidement. Mon premier chagrin d'amour. Je n'aurais jamais imaginé que ce serait le dernier. Je savais à présent dans ma tête d'adolescente que les hommes se fichaient des sentiments et voulaient juste se faire plaisir. Alors moi qui n'ai jamais supporté l'injustice, j'ai mis mon masque de « vengeance girl » et j'allais prendre ma revanche sans pitié.

En effet, je sortais avec tous les garçons qui me plaisaient ou même quelques fois avec ceux qui ne me plaisaient pas forcément. J'étais rarement célibataire, et comme je l'ai précisé précédemment, je les quittais dès que je soupçonnais un signe d'affection déplacé. Je pensais, à ce moment-là de ma vie, que je ne trouverai jamais l'amour. Celui que j'attendais, celui qui n'était qu'illusion. Je croyais que je ne pourrai jamais tomber amoureuse, car je devais certainement être trop exigeante. Mais il était hors de question que l'on m'utilise comme un objet. Je préférais ne jamais me marier plutôt que de me faire prendre au piège de ces chers garçons sans cœur.

Et pourtant, je continuais à rêver du prince charmant, j'étais en réalité une vraie romantique. Je m'imaginais dans un conte de fées, car j'adorais ces histoires si touchantes, elles commençaient toujours par un drame mais finissaient systématiquement par le bonheur absolu. Bien évidemment, aucun de ces contes n'était réel mais les rêves me permettaient de voir la vie un peu moins dure.

Alors, ce fameux jour, je crois bien que j'avais oublié de mettre mon masque, celui qui me protégeait des filets de ces escrocs, je me suis donc retrouvée désarmée devant lui, ce jeune homme qui m'ensorcelait de son regard et de ses belles paroles. Comment j'allais me sortir de ce traquenard ?

Je ne m'en sortis pas. Ceux qui me connaissent auront bien compris de qui il s'agit. Mon mari. Il avait réussi à me désarmer. Il a doucement fendu ma carapace, en prenant soin de ne pas me faire trop de mal. La parole dont je me souviendrai toute ma vie est celle du premier soir. Je sentais que je pouvais lui parler, lui dévoiler la sombre réalité de ma vie qui venait peut-être de s'éclaircir un peu. Il me dit alors : « N'aie plus peur, maintenant je suis là, je te protégerai pour toujours. » Il fit sa demande en fiançailles à mon père, au restaurant, le jour de mes dix-huit ans. Mon adolescence prit fin. J'étais devenue une jeune femme. Deux ans plus tard, j'attendais notre premier enfant. Ma grossesse m'a appris à aimer mon corps. Pour la première fois, il servait à faire le bien. Créer un petit être, qui pousse patiemment dans mon ventre, que je regarde sans cesse. J'admirais mes formes, mon corps. Je n'aurais jamais imaginé ressentir autant de bonheur à montrer mes rondeurs. J'ai donné la vie, moi. J'étais maman. Mon rêve de petite fille devenait réalité. Après avoir tendrement profité de chaque instant de son existence, nous mettions au monde, trois ans plus tard, notre deuxième bébé. Une petite sœur pour notre première fille. Cette année-là, nous nous sommes mariés « tous les quatre » comme disait notre aînée. Avec la présence de nos enfants, notre union était très solennelle. J'étais une femme, épanouie et très fière. Je vivais le bonheur tant espéré.

Chapitre II
Révélation

A vingt-deux ans, j'avais trouvé un emploi dans une petite boutique du centre-ville. Je m'y sentais très bien. J'entretenais une relation harmonieuse et complice avec la responsable. Nous étions seulement deux à tenir le magasin, et j'étais heureuse de la confiance que l'on me faisait. J'avais de vraies responsabilités, c'était le travail idéal pour moi. Je suis tombée enceinte de ma seconde fille quelques mois plus tard et j'ai pris trois ans de congé parental à la suite de mon accouchement. À mon retour, l'enseigne avait changé et le personnel avec. Certes, j'étais triste de ne pas retrouver mon alliée, celle avec qui je me sentais si bien, mais j'étais tout de même impatiente de vivre une nouvelle expérience. Je devais reprendre mes repères et le rythme d'une femme active. La première semaine se passa plutôt bien. Ça n'allait pas durer. La responsable de cette nouvelle boutique avait mon âge, elle était célibataire et sans enfants. Elle commença à critiquer chacun de mes gestes, me rabaissait sans cesse. Elle trouvait un prétexte à toute occasion afin de me casser. Jusqu'à juger l'éducation de mes enfants. Elle me disait d'écouter sa façon de vendre, et je devais répéter exactement la même chose à chaque client. J'étais une bonne vendeuse mais lorsqu'elle était présente et qu'elle contrôlait tout de ma façon de faire, je bloquais complètement, et quand elle s'absentait, je redevenais moi-même, et bien sûr, je vendais sans problème. Je rentrais chez moi le soir, je pleurais, avec l'angoisse du lendemain. C'était très difficile pour mon mari aussi qui ne supportait plus de me voir m'enfoncer dans une dépression. Un jour, alors que j'étais seule au magasin, je fis un malaise dans la vitrine que j'étais en train d'agencer. Je me ressaisis et tins jusqu'au soir. En arrivant, je me suis effondrée, j'étais démunie de toute force. Je ne pus retourner travailler le lendemain. La gérante conclut à de la comédie. Je devais arrêter de me rendre malade et trouver rapidement un autre emploi. Ce que je fis dans les jours qui suivirent. Je quittais enfin la lourdeur de cet endroit pour rejoindre la fraîcheur et la gaieté d'un autre. De nouveau, à vingt-sept ans, je me retrouvais dans une ambiance de confiance et d'harmonie. C'était le soulagement. Deux mois plus tard, un matin, je me réveillai avec une douleur très intense au niveau du bras. Je ne pouvais plus le bouger. C'était le premier samedi des soldes. Il fallait que j'aille travailler. Le lundi, je me rendis chez le médecin. J'étais partie pour une longue série d'examens. La douleur se propageait dans chaque partie de mon corps. Que m'arrivait-il ? Le diagnostic tomba presque un an plus tard. J'avais une fibromyalgie. Je pouvais enfin mettre un nom sur ma souffrance. Celle qui ne me quittera plus. Celle que, en ce temps, je ne pouvais supporter et accepter. Je connais cette maladie car ma belle-mère, quelques années plus tôt, nous avait douloureusement annoncé qu'elle était fibromyalgique. Nous n'en avions jamais entendu parler car à ce moment-là elle n'était pas encore reconnue en France ; elle le fut en 2007. Afin que l'on comprenne de quoi il s'agissait réellement, elle nous tendit un document qui expliquait les effets du syndrome polyalgique idiopathique diffus. Comment pouvait-elle continuer à vivre avec toutes ces souffrances ?

Je comprends beaucoup de choses aujourd'hui grâce au travail que je fais sur moi-même, et je comprends que ces douleurs, que je savais fortes, étaient en réalité insupportables, au point de vouloir mourir, m'éteindre à tout jamais, disparaître de cette vie qui m'avait condamnée. Cette souffrance qui en réalité était en moi depuis l'enfance.

Et pourtant, cette petite fille que j'étais avant que tout ne bascule, avait la joie de vivre, entourée d'une famille unie et aimante. En fait, j'ai un peu de mal à me souvenir, ce sont des flashs qui me viennent, je me vois dans le jardin, je joue avec mes deux frères, je fais de la balançoire le plus haut possible et je fais semblant de m'envoler dans cet immense ciel bleu là où le soleil me réchauffe le visage et m'éblouit. Je respire le bonheur et je ris, pour rien, juste parce que j'en ai envie. Je me sens si bien, les dix premières années de ma vie, celles de l'innocence, de la quiétude et de la naïveté, celles que je suis heureuse d'avoir vécues et qui m'ont donné la force d'affronter ce calvaire qui m'attendait à bras ouverts.

Celui de devenir une jeune fille, cette période où je commence juste à me former. Cela ne me gêne pas trop, je le prends plutôt bien car ma maman m'avait parlé de ces petites choses qui allaient changer en moi et qui étaient tout à fait naturelles. Mais évidemment, la sexualité n'était pas encore d'actualité, nous avions bien le temps d'en discuter.

Je ne peux pas vous dire quel jour précis les premiers signes se sont produits, car tout ceci est bien compliqué. Tout d'abord, depuis ma naissance, je suis suivie par le même médecin, et pendant toutes ces années il fut celui de toute la famille. Nous cinq, mais aussi les grands-parents, les oncles et tantes, cousins et cousines, bref, la plupart de mon entourage. Un homme de confiance, un bon médecin, vraiment, qui est très apprécié de tous. Je dirais même qu'il faisait partie de la grande famille que l'on était. Aujourd'hui, je me rends compte qu'il l'était un peu trop déjà. Le secret professionnel n'avait plus de sens ; quand un d'entre nous se rendait à son cabinet médical, un coup de fil suivait peu de temps après de la grand-mère ou bien d'une tante pour demander des nouvelles. Au début, je ne voyais pas de mal à cela, en réalité, je m'en fichais. Mais malheureusement les bonnes choses ont une fin, comme l'insouciance, qui m'a trop vite quittée.

Un jour, je dois consulter le médecin pour un problème gynécologique bénin, j'avais tout juste onze ans, et ma vie s'effondre. Toute cette innocence, cette quiétude et cette naïveté me font basculer dans un tourbillon infernal de honte et de tristesse.

C'est la fin d'un bonheur précieux, celui d'une enfant au cœur grand, remplie d'envie, d'apprendre, de rêver et d'aimer. Tout doucement s'installe un vide immense, la vie semble alors être un gros trou noir dans lequel je m'enfonce et m'isole. Mais tout ceci est à l'intérieur de moi ; en surface, du moins sur mon visage, un sourire reste dessiné afin de dissimuler la détresse immense qui m'envahit. Ma pureté ne l'était plus. L'image que j'avais du monde avait été tachée, mais surtout l'amour que je donnais avec tant de générosité et celui que l'on me rendait, n'était plus le même à mes yeux.

Les adultes étaient devenus pour moi les pires ennemis, le mal en personne. Je ne pouvais accorder ma confiance à aucun d'entre eux, même à mes propres parents. Mes frères étaient ma bouffée d'oxygène, mon échappatoire, ils étaient pour moi les deux êtres les plus importants de ma vie, c'était déjà le cas avant, mais là, ils étaient la seule petite lumière qui me restait.

En fait, ils étaient cette partie de moi qui avait disparu. Lorsque je les regardais, je revoyais tout ce que j'avais perdu, toutes ces petites choses précieuses qu'un enfant garde en secret. À ce moment-là, mon bonheur à moi était devenu le leur.

Bien sûr, j'aimais encore mes parents, mais ce n'était plus pareil. Avant, je faisais les choses naturellement, comme je pensais qu'il fallait qu'elles soient. Je suivais l'éducation que l'on m'avait donnée du mieux que je pouvais. Mais tout avait changé dans ma façon de penser, à présent, je devais tout calculer, afin de ne rien laisser paraître. Chaque geste, chaque parole, plus rien n'était naturel.

Si j'arrive à écrire tout ça aujourd'hui, c'est parce que j'ai compris, je trouve des réponses à toutes les questions que je me posais avant, et je comprends que pendant tout ce temps je pensais avoir fait quelque chose de mal, que je ne méritais plus d'être aimée, parce que je n'allais plus être cette petite fille que mes parents aimaient tant. J'avais été souillée d'une tache indélébile, qui avait enlevé cette jolie image que les gens avaient de moi.

Alors que j'ai quatorze ans, en classe de troisième, je suis interne, non pas à cause de la distance mais simplement par souci de transport. Je m'apprête à vivre une journée très particulière. Celle qui va bouleverser la vie de mes parents. Nous étions tous assis derrière nos bureaux, la prof nous demande de fermer les stores, elle éteint la classe et met le projecteur en marche, tout en nous expliquant que certaines paroles pourraient nous choquer. Sur le coup, je pensais au danger de la route. La première image apparaît, le film commence.

J'ai vite compris qu'il s'agissait en réalité de tout autre chose. Le viol, cette chose qui faisait tant rire mes camarades ; dans ma classe, il n'y avait qu'un seul garçon et je dois reconnaître que la plupart des filles — dont plusieurs avaient un an de plus que moi — n'avaient aucune gêne à ce sujet, bien au contraire. Savoir se protéger. Comprendre l'importance de l'acte. Le fonctionnement de notre corps. Savoir faire la différence. Le respect de l'autre. Savoir dire non. DIRE NON.

Voilà de quoi il s'agissait réellement. Je commençais à avoir très chaud mais en même temps si froid. Je regarde autour de moi, j'avais l'impression que tout le monde me regardait. Non, qui pouvait savoir que je venais définitivement de comprendre. Une de mes copines s'est mise à vomir, pendant que d'autres continuaient à se marrer. J'ai beaucoup de mal à respirer, mon cœur n'a jamais battu aussi fort. « Taisez-vous, arrêtez de rire » pensais-je tout bas. Je me suis levée de ma chaise et suis sortie. Je devais reprendre mon souffle. C'est l'heure de la récréation, et le sujet retentit dans toutes les bouches. J'essaie tant bien que mal de résister à l'envie de m'effondrer, je veux que l'on cesse de parler de ça. J'entends de tout. Ces gamines qui avaient, pour certaines, la soif d'apprendre sur la vie sexuelle. Celles qui rougissaient et ricanaient lorsqu'on leur demanda si elles l'avaient déjà fait. Celles qui trouvaient ça dégueulasse. Puis elles. Celles qui ont eu l'audace de dire qu'elles adoreraient être violées, que cela devait être excitant. Si quelqu'un nous désirait au point de ne plus se contrôler, c'est que nous étions très attirantes. Ce qui était pour elles la seule chose qui comptait vraiment. Des paroles que je n'oublierai jamais. Celles de pauvres filles qui n'avaient rien compris. Je me suis mise en colère et mon amie, qui l'était depuis la sixième, prit ma défense. Elle partageait mon incompréhension. J'étais consternée par tout ce que j'étais en train de vivre et d'entendre. Je voulais rentrer chez moi, retrouver ma famille, sortir de cet établissement de fous.

Le samedi 25 mars 1995, à midi, je prépare à manger avec ma mère, et lui dis que j'aimerais lui parler de quelque chose d'important et de difficile à avouer. Ma meilleure amie à qui j'ai tout raconté deux semaines auparavant m'avait conseillé d'en parler à mes parents. Je lui dis alors : « Un homme a abusé de moi ». Je ne voulais pas qu'elle sache qui c'était. Ça lui ferait encore plus mal, à elle, ma maman, mais à mon père également. Mais elle insista et me demanda si elle le connaissait. « Oui, tu le connais. » Elle me déballa des prénoms dont je ne me souviens même plus, tellement le vrai m'occupait l'esprit. Et enfin elle trouve. Elle comprit.

Le vendredi 7 avril 1995, ma mère contacta l'assistante sociale du lycée, celle-ci m'écouta et nous conseilla d'aller au commissariat de police. Le jour même, nous nous y rendons et, pour la première fois, j'ai dû raconter en détail le moindre geste à des personnes inconnues. Voilà, nous avions porté plainte, mes parents et moi-même.

Le soir qui suivit, il appela à la maison ; c'était la deuxième fois qu'il téléphonait chez moi depuis qu'il suit ma mère, c'est-à-dire depuis environ quinze ans. C'est mon père qui a répondu, mon pauvre papa, ça a dû être tellement difficile de ne rien laisser paraître. Sa colère envers cet homme était si forte. Monsieur voulait juste prendre des nouvelles de toute la famille et parler d'un sujet sans importance et incohérent. Comme par hasard, il venait le jour même d'être convoqué au commissariat sans avoir connaissance des raisons, mais il s'en doutait bien.

Chapitre III
La première fois

Aujourd'hui, alors que je vous écris, mes deux filles ont quatorze et onze ans. La première fois, j'avais justement l'âge de ma dernière. Alors que nous sommes encore enfants, notre corps décide de changer. On commence doucement à fermer la salle de bains à clé ou à se cacher lorsque l'on doit se changer dans les vestiaires de la piscine municipale.

Un jour, mes parents m'emmènent chez le médecin avec mes frères, nous étions malades, un bon gros rhume ou quelque chose de ce genre. Nous attendions dans la salle d'attente, je me souviens de cette pièce, elle était froide. C'est notre tour, le médecin consulte mes deux frangins, on rigolait tous les trois lorsque chacun à leur tour ils montaient sur la table d'examen, ils devaient enlever leur tee-shirt, puis respirer fort, tousser. On faisait tout pour faire rire l'autre. Je crois que c'était notre façon de faire de cet instant plutôt barbant, un moment amusant.

Vient mon tour, le docteur regarde ma mère et mon père, puis leur dit d'un ton tout à fait rassurant et persuasif, qu'il était préférable de m'attendre dans l'autre pièce afin que je ne sois pas gênée, surtout par la présence des garçons. En effet, je commençais à devenir un peu pudique, mais pas avec eux. Qu'ils me voient torse nu, je m'en fichais pas mal à ce moment-là. On prenait encore le bain ensemble il n'y a pas si longtemps et je dormais presque chaque nuit avec mon plus jeune frère de cinq ans, mon « Kikou » que je cocoonais un peu comme mon bébé ; il était somnambule, rares étaient les fois où il ne se levait pas. Il était apeuré, je ne sais pas par quoi, mais il se dirigeait tout le temps vers ma chambre et me cherchait. Alors, je l'appelais doucement et levais mon drap afin qu'il se faufile dessous, je le prenais dans mes bras. Il était rassuré, c'était l'apaisement, le sien et puis le mien. On pouvait s'endormir sans crainte. Il y avait aussi mon « grand frère », plus jeune que moi de trois ans moins dix jours exactement, mais qui tenait beaucoup à sa place d'aîné des garçons, celui qui avait le rôle de protecteur. Lorsque mes parents montaient se coucher, une fois qu'ils avaient fait le tour de nos chambres pour nous souhaiter une bonne nuit et de beaux rêves, j'entendais ma porte grincer légèrement, c'était comme l'air d'une musique qui me donnait le sourire. Il me demandait d'une petite voix basse, « Tu dors ? » Je savais qu'il viendrait se glisser délicatement dans mon lit. Et il commençait à dessiner dans mon dos. D'une voix rieuse, je dis : « C'est une maison. » Et pendant plusieurs minutes, nous devenions des artistes. C'était bien. Ces instants où je ne pensais à rien d'autre qu'être là où j'étais, avec qui j'étais. Eux qui venaient du même nid que le mien et qui venaient du même sang. Nous étions liés par un amour précieux, celui qui le restera à tout jamais.

Certaines personnes disent ne pas croire au lien fraternel, qu'un jour, en grandissant, nous nous éloignons, souvent à cause de nos conjoints qui ne comprennent pas ou bien parce que nous changeons tout simplement. Alors fini les gâtés et les bisous. Fini les confessions et les rigolades. Je suis bien triste pour eux, ces gens qui ne connaissent pas ce sentiment. Perdre l'amour de mes frères. Jamais. Nous sommes tous trois en couple et parents aujourd'hui, les enfants de chacun de nous sont un peu ceux de l'autre. Nous continuons à nous faire des bisous, des gâtés, nous nous confions toujours et continuons à nous marrer. La seule différence, c'est que nous sommes bien plus nombreux à présent. Mon mari, mes belles-sœurs et tous nos enfants partagent ces moments importants avec nous. Bien évidemment, il y a quelques conflits, bien sûr, nous avons changé. Nous avons des désaccords et chacun notre façon de voir les choses. Mais tout cela ne peut pas ôter les souvenirs. Les coups durs, les peurs, les bêtises, la complicité, l'amour d'une vie partagée. Lorsque je regarde mes filles, mes neveux et ma nièce, ces enfants que j'aime tant, je nous revois petits, par les ressemblances, les caractères de chacun d'entre eux, et mon cœur bat de plus belle.

Mon papa, le premier homme de ma vie était très respectueux à mon égard. Depuis peu, il ne rentrait plus dans la salle de bains lorsque j'y étais, et il frappait toujours à la porte de ma chambre en attendant que je lui dise d'entrer. Tout était si simple, les choses se faisaient tout à fait naturellement. Je me sentais en sécurité en sa présence. J'aimais aller le chercher à pied à son travail qui était à côté de chez nous. J'avais préparé à manger pour nous deux. Il était toujours content de mes petites attentions, même si je le reconnais, mes expériences culinaires étaient quelques fois douteuses. Il m'a dit qu'un jour, il serait l'homme le plus vieux car il vivrait très longtemps. Le plus vieux de quoi, de France, du monde, je vous avoue que je ne me souviens pas, mais pour moi il passerait dans le livre des records que l'on adorait feuilleter ensemble, et ça me rendait tellement fière. Je lui rappelle de temps en temps cette parole qui, aujourd'hui, me rassure encore. Après tout, il me l'a promis. Mon papa, c'est toujours le plus fort.

Et puis, ma maman, celle qui m'a mise au monde, qui me consolait lorsque j'avais un gros chagrin et qui trouvait toujours les mots qui allaient répondre à mes questions. Elle travaillait à l'hôpital et lorsqu'elle rentrait du boulot, j'aimais sentir son odeur pure et saine. Ils avaient beaucoup de chance les patients dont elle s'occupait, parce qu'elle avait un très gros cœur. Je la revois pleurer de temps en temps parce qu'elle venait de perdre un de ses protégés. Sa présence me réconfortait. Je n'aimais pas être sans elle.

Ça ne me gênait pas du tout qu'ils restent dans la salle de consultation. Au contraire. Bizarrement, par le fait qu'il les fasse tous sortir, je me sentis mal à l'aise. Rien de bien grave mais ça me contrariait. Je ne sais pas si c'était le fait que je reste seule avec lui ou bien si c'était qu'il avait mis ma famille dehors.

Ce jour-là, je n'ai pas enlevé que mon tee-shirt, mais mon pantalon et aussi ma culotte. Il m'expliquait que, comme je devenais une jeune fille, il devait me faire un examen particulier. Je me suis rhabillée sans avoir compris de quoi il s'agissait vraiment. Mes parents rentrent, s'assoient devant le bureau, mes frères me regardent en attendant un sourire et, naturellement, malgré mon incompréhension et ma gêne, comme si de rien n'était, je souris. Comme toujours. Ce fut le premier faux sourire d'une longue série. Trois ans de dissimulation derrière celui-ci.

Je les ai entendus, le médecin et ma mère, parler de problème gynécologique, de traitement, de rendez-vous. Comment pouvais-je savoir ? Comment pouvais-je connaître les limites de la médecine ? Je sentais bien que quelque chose d'anormal s'était passé, mais n'était-ce pas seulement un mal-être logique. Pourquoi à ce moment-là où l'on retourne dans la voiture, tout le long du trajet, pourquoi n'ai-je pas dit tous les gestes qu'il avait portés sur mon corps ? C'était bien de la pudeur. Je parlais facilement avec ma maman, mais là, je n'y arrivais pas. Si j'avais eu le réflexe, la spontanéité de lui dire, qu'il m'avait fait asseoir sur ses genoux, alors que j'étais nue, ou bien lui dire d'autres choses que j'ai comprises, plus grande. Si je lui avais demandé, elle aurait su. Elle m'aurait dit que non, ce n'était pas normal. Ne rien avoir dit cette fois m'a fait taire pour toutes les autres. C'était parti pour une longue période de descente aux enfers. Pendant trois longues années, à chaque fois que je le voyais, je subissais l'humiliation. À son cabinet médical et même dans ma chambre. J'étais devenue son joujou, sa poupée.

Lorsque j'avais quatorze ans, je désirais trouver un petit emploi saisonnier afin de me faire un peu d'argent de poche. Mes parents m'en trouvèrent un. Ça ne pouvait pas être pire. Ils confièrent mon envie de travailler à notre « cher » médecin qui demandait tout le temps de mes nouvelles, il avait besoin de tout savoir sur ma vie. Et bien évidemment, sans même y réfléchir ou bien consulter sa femme, il dit à mes parents de ne pas cher-cher plus longtemps, que j'irai chez lui en tant que fille au pair afin de soulager son épouse et m'occuper de son fils de trois ans. Tout d'abord, je refusai, mais sans trouver d'excuse valable. Je ne pouvais pas leur dire pourquoi, j'avais trop honte. Alors, avec insistance, ils m'ont convaincue ; je savais que sa femme serait présente, il ne pourrait donc pas me toucher. Dans quelle galère j'allais encore me retrouver ? C'est lui qui venait me chercher chez moi car mes parents travaillaient, il était seul et moi aussi. J'étais prête, avec mon sac, à partir au fond du gouffre. Il était d'un joyeux répugnant. D'un sourire vicieux, il m'accompagna à sa voiture plutôt luxueuse et, en cours de route, s'arrêta juste deux minutes, il ne pouvait plus attendre. Il prit ma main, la posa sans la lâcher sur son pantalon à pinces. Alors c'était donc ça un homme de classe, ce célèbre médecin tant admiré. Moi seule savais quelle ignoble personne il était réellement, et je crois bien que ça l'excitait davantage. Chez lui, dans sa jolie maison moderne attenante à son cabinet médical, nous attendait sa femme. Comment une femme aussi belle et gentille pouvait être tombée amoureuse d'un tel monstre ? Elle me mit à l'aise, nous faisions connaissance et nous nous trouvions des points en commun, comme le sport que nous aimions pratiquer, la natation. Je l'aidais un peu à cuisiner, je jouais avec son fils. J'avais un petit studio pour moi toute seule. Je m'y enfermais à double tour le soir venu. Je m'empiffrais de bonbons que j'étais allée acheter à pied la veille avec mon grand frère, lui à qui j'avais confié plusieurs mois auparavant que j'en avais marre que notre médecin m'enlève ma culotte à chaque fois que je le voyais, lui à qui j'ai demandé de ne surtout rien dire, que c'était notre secret. Cela m'avait permis de me soulager un peu. Le lendemain matin, monsieur était au travail juste en face, je pensais alors que, finalement, ça n'allait pas si mal se passer. Jusqu'au moment où ma « patronne » me dit qu'elle devait aller faire une course et que je devais rester pour garder le petit. Mon cœur bat très fort, j'ai peur, me voilà seule, je regarde sans cesse en direction de cette pièce, la salle de torture. La porte s'ouvre. C'est lui. Il a vu sa femme partir. Il me dit d'entrer mais j'insiste en disant que je dois m'occuper de son fils. Il ne veut rien savoir, je devais entrer. Quelques minutes plus tard, je ressors, et là alors que j'ai juste l'envie de m'échapper, je vois sa femme qui me demande pourquoi j'ai laissé son garçon tout seul. La première réponse qui me vint était de dire que son mari venait de me faire un vaccin. Celle-ci ne chercha pas plus loin, ceci eut l'air de la convaincre. Finalement, plusieurs fois la chose se répéta et ceci pendant deux semaines. Lorsque je rentrai chez moi, je pus enfin retourner dans ma chambre et pleurer à gros sanglots. Dans ma poche, se trouvait un billet, celui du travail effectué. Lequel était-il, celui d'une jeune fille au pair, pour lequel je me sentis plutôt inutile ou bien celui d'un métier interdit ?

Je me suis libérée de ce fardeau cette même année. À l'âge qu'a ma fille aînée aujourd'hui. Lorsque j'ai su que j'allais être maman d'une petite fille, j'étais tellement heureuse. Mais vite, le sentiment de peur est apparu. Tant qu'elle était avec moi et son père ou bien avec ses grands-parents, ses tontons, tout allait bien. Je me suis toujours débrouillée pour qu'elle n'aille jamais chez une nounou. J'aurais été incapable de la laisser toute seule avec des personnes autres que ma famille très proche. Très vite, j'ai appris à mes filles la pudeur, dès l'âge de trois ans, je ne voulais plus qu'elles soient nues devant quelqu'un ; ça choquait quelques fois, mais moi je m'en fichais, c'étaient mes enfants, et je ne laisserai personne me dire comment faire.

Mais, concrètement, comment faire la part des choses ?

C'est très difficile pour moi de relativiser, de savoir s'il faut que je comprenne et si je dois accepter d'entendre une personne dire que je suis coincée, parce que j'ai tout simplement dit à un enfant qu'il ne devait pas mettre la main aux fesses de ma fille même si c'était pour jouer. Comment dois-je réagir devant des copains qui disent des blagues sur les pédophiles et voir tout le monde rire, sauf mon mari qui me regarde désespérément alors que je suis en train de bouillir intérieurement. Puis-je comprendre des parents qui laissent leurs enfants se baigner nus devant des personnes inconnues. Dois-je me taire lorsque ma fille me dit que celui qui s'occupe du périscolaire lui a demandé de lui faire un bisou devant ses copains. Je ne peux m'empêcher de penser à ce danger que tant de personnes pensent être intouchable, à ce risque qui en réalité touche environ 430 mineurs par an en France et qu'à peu près 750 000 personnes dans le monde consultent simultanément des sites pédopornographiques. Non, je ne suis pas coincée. Moi aussi, je fais l'amour. Moi aussi, j'aime rire de certaines blagues qui parlent de sexe. Je suis une femme comme les autres, je pense juste que l'on ne peut pas s'amuser de tout, je veux simplement protéger mes filles d'un mal que j'ai vécu. Alors si c'est ça que l'on me reproche, et que l'on ne comprend pas mes réactions, eh bien tant pis.

Chapitre IV
Le procès

(16 ans)

Ma parole contre la tienne

Malgré les jours qui passent, je ne t'oublie pas, car en moi les souvenirs ne s'effacent ; ce sont malheureusement ceux qui ont bouleversé ma vie, ceux qui ont détruit ma famille depuis trop longtemps, je n'étais qu'une gamine, et tu m'as prise pour une imbécile.

Toute ma vie et même après ma mort, toi tu seras heureux car moi je ne le serai pas. Malgré ma si petite vengeance qui te punira si peu, et malgré la souffrance que j'ai partagée avec ma famille, toi, tu t'en fous, ton esprit sourit d'avoir profité de moi et ton cœur déborde de cruauté.

J'espère que tu n'as fait souffrir que moi ; au fond de mon cœur, caché derrière la douleur, s'y trouve beaucoup d'amour ; je voudrais sauver des gens, éviter que des salauds comme toi puissent profiter d'innocents. Je t'ai servi de poupée pendant trois ans et maintenant je veux t'apporter la souffrance, la honte, celles qui ne me quitteront plus jamais.

Je n'ai plus grand-chose de mon cœur à offrir, mais comparé au tien, c'est énorme, tu ne seras plus un médecin, mais ça n'enlèvera pas ma haine envers toi, ça n'enlèvera pas ton visage de ma mémoire, et ça n'effacera pas ce que tu m'as fait.

Tous les soirs, je pleure ; de nombreuses personnes ignorent pourquoi, ils ne savent pas à quel point j'ai besoin d'être aimée et d'oublier. Mes nuits ne savent plus rêver, mes larmes sont le sang de mon cœur, ma gorge se serre et mon corps tremble.

Je ne veux pas montrer que j'ai peur de toi, bien au contraire, je voudrais montrer ma rage et pouvoir te tuer, mais à quoi bon, tu ne pourras jamais ressentir tout le mal que tu m'as fait subir.

Le procès approche, je n'ai pas peur, j'ai confiance en les personnes qui m'entourent et qui me défendent, elles m'aident à soutenir mes pleurs et ma souffrance. Je devrais te voir et dévoiler mon intimité sans honte car je n'ai rien à me reprocher, c'est toi le coupable, le violeur, tu t'en prends à moi car tu es faible, et moi je suis bien plus forte que tu ne l'imagines.

Tu as foutu ma vie en l'air, je voudrais ne plus exister, je pense tout le temps à mourir, j'arrête de respirer, j'écoute et je sens mon cœur battre et ralentir, mais je ne peux pas, tu serais trop heureux, alors je m'insulte, de ne pas avoir réussi.

Je regrette que ma famille ait eu du respect pour toi, le respect, tu ne connais même pas ce mot, tu as trompé tous les miens, mais aussi les tiens, car malgré le soutien qu'ils te donnent, ce que je peux comprendre, je ne leur en veux pas du tout, je sais qu'ils savent maintenant et que dans leur estime, tu es tombé bien bas.

Le 13 mars 1996, ma mère vient me chercher au collège avec ma tante. Je les aperçois, je fonds en larmes. Mon pépé vient de nous quitter. Je le sentais au plus profond de moi, je savais qu'il était malade, et j'avais prié pour qu'il soit encore parmi nous pour mon anniversaire qui eut lieu deux semaines avant. C'était la première fois que je ressentais la souffrance du vide et de l'incompréhension.

Mon grand-père était très important pour moi. J'aimais être près de lui, il me faisait rire, il aimait ça. Il avait toujours une poignée de bonbons à la réglisse, des « Stoptou » dans les grandes poches de son pantalon. De son accent patois, il nous disait à nous ses petits-enfants de ne rien dire, tout en nous tendant sa main pleine, accompagnée du froissement de l'emballage de ces fameux petits trésors noirs. Nous faisions des jeux créés de ses larges mains rassurantes, un bout de papier, un crayon et quelques bouchons faisaient l'affaire. Il était la simplicité.

Je me rends compte aujourd'hui, vingt ans plus tard, que je pensais être en partie responsable de son décès. Quelques mois avant, ma maman, sa fille, lui apprenait ce qui m'était arrivé. Il connaissait très bien mon agresseur, c'était son médecin à lui aussi. Je sus plus tard, qu'il ne l'aimait pas, qu'il s'en méfiait. C'était bien le seul à avoir ce sentiment. J'étais certaine que son destin était accroché au mien. Tout ceci ne pouvait pas être que des coïncidences. Un drame familial dévoilé, la maladie foudroyante. Pour moi tout était relié.

Mon pépé était parti et un an plus tard, le 29 avril 1997, mon papy disparut à son tour. Mon monde s'écroulait.

Nous sommes le 23 juin 1997 lorsque le procès à huis clos débute. Je suis entourée de mon père et de ma mère que je ne lâche pas une seconde. Près de nous se tiennent les amis de mes parents ainsi que ma confidente, celle qui m'a si bien épaulée. Ils sont venus témoigner en notre faveur. J'en profite pour les remercier sincèrement, eux qui se reconnaîtront. Le tribunal de grande instance est un endroit immense et étouffant à la fois. Les mots retentissent dans ses murs et son plafond interminable. Nous sommes là et eux aussi, ses proches, juste à côté. Je ne veux pas les regarder mais c'est plus fort que moi. Son fils ainé est là, il a trois ans de plus que moi, nous sommes assis en face l'un de l'autre. J'ai peur qu'il me déteste d'avoir accusé son père, je n'ai pas voulu lui faire de mal. Il me fait de la peine car je me mets à sa place. Mais, curieusement, il me regarde de la même façon, peut-être avait-il pitié de moi ou bien s'en voulait-il d'être le fils de cet homme. En tout cas, comment, je ne sais pas, mais je savais qu'il savait, et c'était important pour moi.

La cour d'assises me faisait penser à une église transformée en théâtre. C'était à la fois très sérieux et solennel, comme si l'on s'apprêtait à célébrer une cérémonie pour quelqu'un qui venait de mourir et, en regardant au fond, là où tout allait se passer, j'avais l'impression que nous allions jouer une pièce dramatique, celle de ma vie.

La scène commence. La salle se remplit. Je suis assise au premier rang toujours à côté de mes parents et de ma meilleure amie. Sur notre droite, il y avait des journalistes, je les sentais me dévisager et discuter entre eux, ils ont publié des dizaines d'articles de ce fait divers dans les journaux. De temps en temps, ils me souriaient. Puis ils arrivent, avec leurs longues robes, les juges, les avocats. C'étaient eux qui allaient décider. C'est le silence absolu. La police entre à son tour, avec lui, il est menotté, et a l'air malade. Je n'avais pas réfléchi à ma réaction lorsqu'il rentrerait, ni même pour le reste, je laissais faire les choses naturellement en prenant soin de me munir de mon armure pour me protéger. La dernière fois que je l'ai vu, c'était pour la confrontation, un moment très difficile à gérer, je me suis toujours laissée emporter par la spontanéité, je ne voulais pas réfléchir, cela me faisait trop peur. De toute façon, je n'avais pas le choix. J'affrontais les étapes sans jamais baisser la tête, je devais lui montrer que je ne lâcherai rien, même si je dois le reconnaître, l'entendre mentir me choquait, il transpirait beaucoup et bégayait. Cet homme que tant de gens idolâtraient, ce médecin si sûr de lui habituellement faisait pitié à voir.

Je me mis à le regarder, j'imaginais ce qu'il pouvait penser, et je lui parlais dans ma tête comme s'il pouvait m'entendre. Je lui disais d'avouer pour de bon, de libérer sa conscience.

Je ne me souviens pas en détail de ces deux journées, ce sont des flashs qui me reviennent. Il avoue sans avouer, il nie sans nier. Les gestes qu'il m'aurait portés n'avaient pas de connotations sexuelles, mais étaient bien affectives. Il dit qu'il n'a pas su faire la part des choses, et qu'alors qu'il m'examinait, il ne pouvait s'empêcher d'avoir une attitude « câline » envers moi. Mais ce n'étaient pas les câlins d'un père, ni d'un oncle. C'étaient ceux d'un intime, d'un petit ami ou d'un mari. D'ailleurs, ce mot « câlin », j'ai mis très longtemps à pouvoir le prononcer ; les derniers mois, il me disait toujours « On fait un câlin ! ». Alors, lorsque je prenais mes filles dans mes bras je leur faisais un « gâté », car ces quelques lettres n'avaient plus la même signification pour ma part. Il se défend comme il peut devant des preuves irréfutables. Une jeune femme que je ne connaissais pas vient à la barre. Elle témoigne et l'accuse de lui avoir fait subir quasiment les mêmes agressions que les miennes. C'est le choc. La seule chose que je souhaitais réellement, la seule raison qui m'a poussée à parler et subir toutes ces humiliations, c'est qu'il ne puisse jamais recommencer. Je voulais épargner d'autres jeunes filles de ce vautour. Mais quelques années auparavant, il l'avait déjà fait, sur elle, qui était là parce qu'elle avait entendu parler de son arrêt. Elle souhaitait témoigner afin de se soulager du fardeau qu'elle portait depuis toutes ces années puis apporter une preuve supplémentaire, et pas des moindres, que cet homme était bien celui que j'accusais. Elle me remercia à la fin du procès, d'avoir eu le courage de porter plainte.

J'aurais dû être soulagée à ce moment-là, mais, en réalité, je venais de comprendre que j'étais la victime d'un « pédophile ». Ce mot qui surgit de la voix forte et puissante de l'avocat général, celui qui requit à son encontre douze ans de réclusion criminelle. Je dois à mon tour me défendre, oui, c'est bien le bon mot dont il s'agit. Je devais défendre mes dires. Avant tout, je dois raconter, encore une fois, mais jusqu'à présent, le comité était très restreint, peut-être six personnes au maximum. Ce jour-là, il y avait beaucoup de monde. J'ai comme le souvenir qu'ils étaient plus nombreux de son côté, mais peu m'importe, je devais faire abstraction de mon entourage, j'étais là pour que justice se fasse, alors, comme je l'ai dit ce jour devant monsieur le juge : « Ce qui me choque, c'est qu'il ne veuille pas admettre la vérité, mais je suis ici pour me battre, et j'irai jusqu'au bout. » Du haut de mes seize ans, j'avais pour la première fois l'impression d'exister, que c'était le jour de la délivrance, et que rien ne m'arrêterait. Après avoir dévoilé avec mes mots les actes les plus intimes qu'il avait sans gêne et sans remords osé infliger à mon petit corps fragile d'enfant, je pensais que le plus difficile était passé. Je me trompais.

Je l'entends expliquer que sa responsabilité n'était pas totale et que, lui aussi, peut dire qu'il a été abusé car il aurait avoué sur le conseil de son avocat au moment de la garde à vue. Mon défenseur lui rappelle que c'était impossible, à ce moment-là, il n'en avait pas, il était seul. Il perd pied et me traite de menteuse sans scrupule, en disant que c'était l'amour que je portais pour lui qui me faisait dire tous ces mensonges. Cet homme est un monstre, il n'est pas malade. Le psychiatre estime en 1995 qu'il n'est atteint d'aucun trouble grave de la personnalité mais indique néanmoins que les traits de sa personnalité sont à tonalité névrotique et ses comportements déviants sexuels de nature perverse. En 1996, un autre médecin considère que le patient ne présente aucune anomalie mentale en relation avec les faits qui lui sont reprochés, l'examen démontre un réel défaut de retour sur lui-même et aucun sentiment de culpabilité. Celui-ci confirme que l'accusé ne présente aucun trouble psychique ou neuropsychique ayant aboli son discernement ou le contrôle de ses actes et que le pronostic sur l'évolution ultérieure de son comportement n'est pas a priori, défavorable, celui-ci ne présentant pas de fonctionnement mental de type pervers.

Il fit appel à des témoins, des jeunes filles et des femmes. Elles déclarent ne jamais avoir subi de gestes déplacés de la part de leur médecin. Il n'avait que ça pour sa défense. On devrait peut-être le féliciter de ne pas avoir abusé de toutes ses patientes. Il dit à plusieurs reprises que je le troublais, qu'il m'aimait et que moi aussi j'étais amoureuse de lui. Des paroles que je ne pouvais supporter d'entendre. Je pleurais et voulais vomir de dégoût.

Ces deux jours m'ont paru durer une éternité. Mon avocat mit en évidence des preuves,

comme celle du rapport d'examen du gynécologue. C'est terrible, pour prouver que l'on a
bien été agressé sexuellement, nous devons
subir un test gynécologique. Comme si tout
cela ne me suffisait pas. Comme si j'avais envie qu'un autre médecin me touche. Une fois
de plus, c'est moi qui me sentis humiliée. Devoir me dévoiler encore une fois. Regarder les
résultats d'examen concernant mon vagin circuler dans différentes mains. On pourrait
penser que ceci n'était finalement qu'un détail, mais pour moi, c'était vraiment difficile.

L'épreuve qui m'attendait allait être la
goutte d'eau, celle qui m'a fait craquer.
L'homme qui me défendait si bien allait me
poignarder le cœur. Il me montra deux photos. L'une d'elle était celle de mon pépé qui
était décédé depuis un an et que j'aimais tant.
Il n'avait pas le droit d'exhiber son image aux
yeux de tous. Ce souvenir n'avait rien à faire
dans ce lieu et encore moins en ce moment.
« Laissez-le en paix » pensai-je douloureusement. Et puis la photo de mon chat, ma Bonbonnette, qui elle non plus n'était plus là. Elle
a été ma première confidente, celle avec qui je
pouvais parler de tout sans jamais qu'elle ne

puisse le répéter. Lorsque je pleurais, elle venait toujours me voir, comme si elle savait. Au début de ce cauchemar, je commençais à faire des migraines ophtalmiques. Ça me donnait la nausée, des maux de tête insoutenables et mes yeux se troublaient de tâches, comme si j'avais des gouttes d'huile sur mes pupilles, je ne voyais plus que des ombres. C'était très angoissant. Je devais me mettre dans le noir afin de soulager un peu la douleur, mais j'en faisais de plus en plus souvent et rien ne pouvait les arrêter. Mes parents m'ont alors proposé d'aller voir un magnétiseur. Un homme qui avait déjà fait des miracles. Je me souviens de mon papy qui était unijambiste, ressortir du bureau du guérisseur en ayant oublié sa canne alors que juste avant d'y entrer il souffrait beaucoup et marchait avec énormément de mal avec sa prothèse. Je n'oublierai jamais son sourire de soulagement, nous avions les larmes aux yeux en le regardant tout fier. Alors s'il avait réussi à faire ça, il pouvait me guérir aussi. Après mon rendez-vous avec cette personne très étrange, j'entendis une discussion entre mes parents, dans la cuisine ; j'étais en haut des escaliers, j'entendais tout. Il avait dit que je n'aurais plus de migraines, qu'ils avaient bien fait de m'emmener le voir car j'étais à deux doigts de faire une rupture d'anévrisme. Un choc pour moi, ma voisine d'en face était décédée depuis peu par cette cause. Des mois passèrent, je n'avais plus de symptômes, c'était trop bien. Trop bien, en effet ; quelques jours avant mon anniversaire, ça m'est revenu comme une bombe en plein visage. De nouveau, je souffrais beaucoup. Je me suis dit, à ce moment-là, que j'allais mourir à seize ans. Le jour est venu, mon papa vint me réveiller, je pensais qu'il voulait me souhaiter un joyeux anniversaire. Il m'apprit qu'il avait trouvé ma Bonbonnette dans la piscine, noyée. Elle était morte à ma place. Mes migraines ont de nouveau disparu, comme par magie.

Revoir leur photo devant tous ces gens, au moment le plus compliqué de ma vie, m'a démunie de toute force, de tout ce que j'avais pour tenir debout et ne pas hurler. Je me suis effondrée, je l'ai regardé, lui, le destructeur. Ma colère avait pris le dessus et je le regarde avec rage en disant « mais dis-leur la vérité, arrête de mentir, tu sais parfaitement que j'ai raison ». Les mots sortaient de ma bouche sans que je puisse les contrôler. C'était l'effet voulu de mon avocat. Il avait réussi à briser ma carapace. Je crois bien qu'à cet instant précis, plus personne ne doutait.

L'accusé fut finalement reconnu par la cour et le jury coupable d'agressions sexuelles sur mineur et condamné à cinq ans de prison, dont quatre avec sursis.

J'ai chez moi une boîte bleue, dans laquelle se trouvent tous les articles de journaux qui parlent du procès, les déclarations que mes parents et moi-même avons faites au commissariat, et tout ce qui concerne cette période. J'espère un jour pouvoir m'en débarrasser, car je ne sais pour quelle raison, je n'y arrive pas.

Je le jure

Il y a seize ans que l'on m'a fait naître,
Je suis l'aînée de ma vie.
On prétend me connaître
Et m'aimer pour qui je suis.
Mais on ne me connaît pas,
On m'aime pour celle que l'on prétend.
Les gens ont tort ou raison, mais qui a quoi ?
La vérité est un mensonge que le monde écoute
Comme l'on met des gants à la saison où il fait froid.
Se protéger est un grand songe d'où tombent les doutes.
J'ai peur d'être trop raisonnable,
De ne pas assez profiter.
Mais si je profite, on va penser que je suis heureuse.
Je dis juste ce qu'il en est, je le suis, il l'est.
Je dis la vérité, et lui, il le sait.
Cette chaleur est insupportable, aérez le procès.
Même si c'est dur,
Je ferai tout ce que vous me demanderez,
Mais faites-lui dire pardon à cette ordure.
Je voudrais vous supplier à genoux,
Et vous redire que c'est vrai, je le jure.

Chapitre V
La maladie

Elle fait partie de mon être, on ne fait plus qu'un. Je me suis longtemps battue contre elle, je la défiais. Elle devait sortir de moi, je pensais pouvoir la vaincre. Mon esprit était en permanence obstrué par son pouvoir destructeur, à tel point que les mots, les phrases que j'essayais d'écouter de mon mieux, ressortaient immédiatement de ma tête comme si plus rien ne pouvait y accéder. J'ai souvent fait semblant de comprendre, en utilisant l'expression du visage de la personne qui se tenait devant moi ou bien celles d'à côté. J'arrive à saisir le mal-être de ma mère, qui depuis l'enfance a de gros problèmes d'audition. On se sent en quelque sorte exclu du monde. Elle s'est installée un jour, brusquement dans mon bras, puis a pris place dans le moindre espace de mon corps. La douleur depuis ne me quitta plus, je l'ai pourtant ignorée, mais ça me la faisait sentir davantage. Cette maladie n'est pas présente à cause de la dépression, mais c'est elle qui fait déprimer. Elle n'est pas mortelle, mais elle donne envie de mourir. Elle n'est pas visible et nous efface doucement du monde extérieur par l'incompréhension des médecins et de l'entourage. Ce n'est pas simplement une douleur physique permanente, mais aussi tant d'autres choses. Pour ma part, car chaque fibromyalgique le vit différemment, je ne peux supporter de rester dans la même position trop longtemps, que ce soit assise, debout ou allongée. Je ne peux pas rester les bras levés ; au début, je devais m'asseoir dans la douche, poser mes bras sur mes jambes et baisser la tête afin que mes mains puissent laver mes cheveux. C'est ainsi pour tous les gestes du quotidien. Ma fatigue générale m'empêche de faire pas mal de choses, et m'oblige à me reposer très régulièrement. Rester sur l'ordinateur ou regarder la télévision est épuisant. Le téléphone, cet objet dont on a tant de mal à se séparer, me donne la nausée, mal au crâne, aux bras et me provoque beaucoup d'angoisses. Ceci est très difficile à faire comprendre aux gens, ce qui rend encore plus difficile l'acceptation du handicap.

Depuis que le médecin du travail m'a considérée inapte à l'emploi que j'occupais, celui que j'aimais exercer, je me suis mise dans un état de culpabilité permanente. Je me suis enfermée chez moi, en évitant au maximum le contact. Lorsque je suis obligée d'entrer dans un magasin, ça me procure une anxiété intense, à pleurer dans la voiture, être à la limite de l'étouffement, car je n'arrive presque plus à respirer. J'ai quelques fois eu des malaises à cause de ces situations. Car j'ai peur du monde et des endroits fermés, ça se nomme l'agoraphobie.

Je suis actuellement au chômage et le service Cap Emploi s'occupe de mon dossier, mais quel métier vais-je pouvoir pratiquer à présent ? Certains médecins spécialisés dans des centres antidouleur me conseillent fortement de changer de voie, laquelle dois-je prendre ? J'ai ouvert mon esprit afin de m'imaginer travailler dans un tout autre environnement, mais il n'y a rien à faire, je ne peux exercer aucun d'entre eux. J'ai trente-cinq ans et, mis à part mon congé parental, depuis l'âge de dix-neuf ans je travaille. Je ne suis pas faite pour être mère au foyer même si je prends beaucoup de plaisir à m'occuper de mes enfants, elles grandissent vite, et j'ai besoin de me sentir utile et fière.

Alors je profite finalement de ce temps pour écrire tout ceci, et partager avec vous une grosse partie de ma vie. Aujourd'hui, je ne me bats plus contre la maladie, mais je vis avec. Je n'ai pas baissé les bras, j'ai juste saisi que je devais l'accepter afin de la comprendre. Je l'ai apprivoisée, et arrive à la gérer. Je m'autorise à présent quelques excès, comme jouer au foot avec ma fille ou bien faire quelques petits travaux dans ma maison, je sais que pendant plusieurs jours je vais être en crise de douleurs et que je serai épuisée, mais je serai chez moi, et je pourrai me reposer et souffrir sans voir personne, mais au moins, je souffre pour quelque chose. Je ne veux pas faire une fatalité de mes souffrances, je pense que la douleur qui ne tue pas rend plus fort, je suis ainsi, et je l'accepte, comme j'accepte que les gens ne comprennent pas. Le principal, finalement, est de garder l'envie de vivre et d'exister avec ou sans douleur. Le chemin a été long, mais si l'on prend le temps de s'occuper de soi, et de voir le mal autrement qu'avec la colère, vous verrez qu'il peut nous montrer tout le bien qui nous entoure.

10 mai 2010

(29 ans)

Je ne suis plus la même femme. Cela fait deux ans que je suis malade. J'ai toujours le même physique, mais beaucoup de choses ont changé en moi. La maladie est en train de détruire mon intérieur, c'est comme si je me mutilais pour me punir sans que cela se voie. Je crois que je fais un refus de mon corps et pourtant je dois vivre avec, et apprendre à l'accepter.

Mais comment faire pour supporter un mal qui n'en finit jamais ? Un mal qui me rend folle. La douleur est tellement ingérable que mon esprit devient esclave de mon corps, j'ai l'impression de me métamorphoser en monstre.

Ma tête n'a plus le contrôle, et mon corps souffrant prend le dessus, et là, je ne suis plus moi-même. Le moindre bruit, chaque geste que je dois faire devient un enfer.

Je ne veux plus voir les gens lorsque je suis en crise. Je ne supporte pas que l'on me regarde souffrir, parce que personne ne peut rien faire.

Au plus profond de moi, je sais que je ne vais pas guérir. C'est comme si j'étais envoûtée par le mal à tout jamais. La famille que j'ai réussi à construire doit vivre à présent avec cette souffrance incontrôlable.

Combien de temps encore allons-nous rester soudés. Je sais que ce n'est pas facile de vivre avec sa femme, sa maman, qui n'est pas comme les autres, et qui s'énerve trop souvent. J'aurais beau m'excuser à chaque fois que je perds le contrôle, ça restera gravé dans leur tête et un jour ce sera la goutte d'eau. Je serai devenue celle que je déteste. Je ne veux pas que mes filles grandissent avec une mauvaise image de moi, en gardant en souvenir, une maman qui gémis et qui pleure.

Je devrais peut-être arrêter d'être égoïste maintenant, en partant souffrir seule ; mais j'en suis incapable, car sans cet amour si puissant, je me tue. Ce sont eux qui me font vivre à présent, et qui m'offrent le sourire, ils sont à eux trois le meilleur antidouleur du monde, et ce sont les miens.

Je souhaite à toutes les personnes qui souffrent comme moi de connaître cet amour qui sauve.

Mes lumières

Je suis en train d'étouffer,
Comme si mon corps s'enfonçait dans l'inconnu,
Lui qui me fait si peur.
J'ai la sensation de me noyer,
Je n'ai plus la force de remonter jusqu'à l'air pur,
Je me meurs !
J'aimerais tant plonger dans ce bonheur qui est à
ma portée et qui n'attend que moi.
Mais il y a cette rancœur qui me fait reculer
À chaque fois que l'on me tend les bras.
J'ai tout ce dont j'ai besoin pour vivre dans la
joie, ce que d'autres n'ont pas.
J'ai l'amour, celui que l'on m'offre
Et celui que j'ai trouvé
Celui qui ne s'en va pas,
Et celui que je veux garder.
Il y a surtout l'amour que je donne,
Et qui me fait exister,
Sans ce mot, ce sentiment si précieux,
Pourquoi vivre.
Ce qui me fait surtout battre le cœur
Chaque jour,
C'est cette lueur qui m'entoure,
Elle me donne la force, celle qui me sauve,
Elle est si douce et si réelle,
Elle me fait pousser des ailes,
Afin que je puisse m'envoler
Dans cet endroit que j'ai créé,
Ce sont deux cœurs, petits par la taille,

Mais si gros par la puissance.
Ils arrivent à me donner cette lumière
Dont j'ai besoin,
Ce sont mes enfants qui éclairent ma vie,
Ce sont mes filles qui savent me donner
Le sourire,
Elles sont mes lumières qui apaisent mes peurs,
Elles sont ma vie, celle que j'ai choisie et qui me
donne le bonheur.

12 avril 2011

(30 ans)

Mes nuits sont trop longues, je ne dors plus. Il y a déjà plusieurs mois que j'ai stoppé mon traitement et je consomme uniquement des antidouleurs en cas de forte crise. Un soir, je décide pourtant de reprendre un antidépresseur, mais de nouveau je ne suis plus moi-même. Alors c'est sûr, j'abandonne ces médicaments pour de bon et vais essayer de vivre normalement.

Je souhaiterais tellement redevenir cette fille sportive et dynamique, celle que mon homme a connue, qu'il soit fier de moi. J'ai peur de lire un jour dans ses yeux de la lassitude et de l'indifférence. Je n'arrive pas à accepter celle que je suis devenue, alors j'essaie de cacher mes douleurs au travail pour ne pas être l'emmerdeuse qui se plaint sans cesse et qui pourrait facilement passer pour une fainéante à chaque arrêt maladie.

Malgré mes efforts, chaque jour, et cette envie de me battre, le matin j'ai quatre-vingts ans, même ma grand-mère est plus en forme que moi. Je me lève, je me traîne dans la salle de bains et le plus souvent je me fais couler un bain chaud pour détendre mes muscles et mes nerfs, puis je dois m'occuper de mes filles, les amener à l'école, partir travailler, faire le ménage. La vie normale d'une femme de trente ans, sauf que toutes ces journées accumulées sont accompagnées de terribles douleurs que j'ai tant de mal à maîtriser.

Je suis devenue un véritable calvaire à moi toute seule, je me suis foutue dans ce cauchemar tout doucement et maintenant il faut que je me réveille pour retrouver cette vie que j'ai tant rêvée et que j'ai réussi à construire. Certainement qu'intérieurement je refuse d'être heureuse tout simplement, ou peut-être que je ne le mérite pas.

Si je dois vivre comme ça pour pouvoir garder ce que j'ai de meilleur, alors tant pis, je ferai avec, il faut juste que mes en-

fants et mon mari me supportent et conti-
nuent à m'aimer en comprenant que tout
ça n'a rien à voir avec eux et que je ferai
tout pour leur bonheur qui est le mien.

J'ai peur pour mon couple. Si un jour
mon mari décide de baisser les bras, je le
comprendrai, et je ne lui en voudrai pas,
c'est juste que pour moi ça sera la fin, la fin
de mon combat car sans lui je ne suis rien,
si, une mère, mais quelle mère ? Mes filles
sont ce que j'ai de plus cher au monde,
mais c'est aussi parce que ce sont celles de
l'homme que j'aime. Je suis aussi l'enfant
de mes parents, eux qui me considèrent
toujours de la même façon. La sœur de
mes frères que je regarde comme avant.
L'amie de mes amis, ceux qui restent et qui
se reconnaîtront, et puis de ceux qui l'ont
été. La belle-fille de mes beaux-parents, de
ma belle-mère qui souffre aussi de cette
maladie. Je serai celle qui aura tout lâché
par égoïsme.

Voilà pourquoi je dois continuer à me
lever chaque matin, même avec des souffrances insupportables, pour toutes ces

personnes qui croient en moi et dont j'ai tant besoin. Je veux laisser derrière moi ces douleurs du passé aussi physiques que morales, celles qui m'ont rendue malade. Je refuse de souffrir toute ma vie avec ce poids, je dois tourner la page et m'en servir d'avertissement afin de protéger mes enfants.

Non, je ne laisserai pas la maladie me détruire. J'ai tout pour être épanouie, alors j'ai bien l'intention de vivre pleinement cette chance. Un jour peut-être le mal sera devenu supportable et là je serai pour de bon la femme la plus heureuse du monde.

10 août 2013

(32 ans)

Je n'ai jamais vraiment eu confiance en moi, mais aujourd'hui je crois que ça devient grave, car je ne suis bien que chez moi, dans ma maison, avec les personnes que j'aime.

Je suis en arrêt maladie depuis environ trois mois, j'ai envie de reprendre le travail mais en même temps ça me fait peur. En fait, j'ai peur de tout, des gens, des lieux, des situations, et surtout de moi, de ce changement si soudain !

Pourquoi moi qui aime tant mon emploi qui consiste à être en contact permanent avec du monde, qui m'intègre facilement aux situations et au caractère des autres, pourquoi à présent je fais un blocage et ne supporte plus rien ?

Souvent je me force, enfin presque tout le temps, à sortir et voir du monde. Ma vie est devenue une souffrance permanente, quotidienne, physique mais aussi psychique, ce qui est encore pire car elle me torture sans arrêt, elle me donne l'impression d'étouffer, de mourir, mais je fais en sorte de le cacher car j'ai honte de ces angoisses, comment pourrait-on me comprendre alors que moi-même je n'y arrive pas.

Ce qui m'énerve davantage, c'est que je sais que je suis forte et que je peux me sortir de cette situation, mais peut-être que j'en ai juste marre de me battre contre moi-même depuis si longtemps, je suis à bout de souffle.

Être mère est ma raison d'être, c'est pour cela que je tiens debout, lorsque je vois leur petite bouille, je ne peux que sourire, et le mal devient supportable.

8 octobre 2013

Lorsque j'écris, ça me soulage, les médecins sont impuissants alors je me débrouille toute seule, je me fais ma propre thérapie.

Nous sommes mardi, il est 15 h 17, je viens juste de me lever de mon canapé. J'ai enfilé une tenue convenable pour ne pas faire honte à mes filles que je m'apprête à aller chercher à l'école. Je me suis maquillée et coiffée pour cacher ma détresse. Lorsque je me regarde dans le miroir, je vois une loque, je ne sais pas si j'ai honte ou pitié de moi-même ou peut-être même les deux. Est-ce que j'aurai encore longtemps la force de supporter ce fardeau sur mes épaules, celui de la souffrance éternelle, celle qui s'accroche à moi comme une sangsue.

Bien évidemment que j'ai envie de me battre, mais j'aimerais juste me reposer un peu. Je suis trop fatiguée. Ça fait longtemps que je me bats contre le mal, celui qui est gravé sur ma peau, dans ma tête et dans mon corps. Ce mal que personne ne voit. Je me sens emprisonnée dans mon propre corps. Je suis condamnée à vivre ainsi, avec la sensation d'être sale en permanence. Ça m'évoque étrangement une situation déjà vécue de mon adolescence.

Cette maladie, je ne sais pas ce qui l'a déclenché, mais je pense que c'est la suite logique de ma vie. J'ai tellement été humiliée, qu'inconsciemment je m'impose de souffrir encore et toujours, je n'ai plus le droit d'aimer mon corps ou d'être à l'aise dedans. Les douleurs apparaissent un jour, s'installent, et ne repartent plus jamais, comme les cicatrices d'un cœur qui a été broyé.

Je ne pense pas à ce moment de mon enfance, chaque seconde qui passe, mais dans la journée tant de petites choses me le rappellent ; un endroit, un mot, un prénom, un geste. J'ai la gorge qui se serre, le cœur qui s'emballe, les mains qui tremblent, un dégoût de moi-même et de tout ce qui m'entoure. Et là, je n'arrive plus à être agréable, je voudrais être détestée à ma juste valeur.

Je rêve souvent que mon esprit s'envole et, de là-haut, je vois mon corps s'enflammer et disparaître à tout jamais. Mais je me rends trop vite compte que mon âme aussi est atteinte et que mon existence entière est tachée et tant que j'aurai le moindre sentiment, il y aura cette trace indélébile qui m'empêche de vivre librement.

Je refuse d'avoir vécu cet enfer juste pour le plaisir d'un monstre. Je ne veux plus penser à ça pour rien, j'aimerais que ça serve à quelque chose de bien.

Je ne supporte pas l'idée qu'il y ait encore tellement d'enfants qui subissent cette torture, j'ai la peur au ventre en permanence pour mes filles. Je me sens impuissante face à tout ça, je ne peux que les prévenir du danger et espérer que leur vie en soit épargnée.

14 octobre 2013

Demain, je vais voir un psychologue pour la première fois depuis que je suis adulte, les médecins me l'ont fortement conseillé. Je suis tétanisée.

Je sais de quoi je dois parler, mais je n'en ai pas envie. Raconter mes soucis à un inconnu qui doit simplement faire son travail, je ne suis pas sûre que cela puisse beaucoup m'aider à soulager mes douleurs.

En quoi raconter ma vie peut me faire du bien ? Elle défile déjà si souvent dans ma tête. Et si cette personne me dit des choses que je ne veux pas entendre, comme « pardonner pour avoir le cœur plus léger » ou bien encore que « la méchanceté est une maladie ».

J'aimerais me réveiller sur une île déserte, y rester un moment, sans savoir qui je suis vraiment, n'avoir à penser à rien, oublier quelques instants que la souffrance existe. Je sais bien que c'est égoïste de dire ça, mais si je le fais c'est que ça n'arrivera pas. Je ne voudrais pour rien au monde renier de ma mémoire mes proches, les personnes qui comptent le plus dans ma vie.

J'ai oublié beaucoup de moments de mon enfance, alors pourquoi je ne peux pas effacer les plus mauvais. Je n'aurais certainement pas cette vie aujourd'hui si je changeais mes souvenirs.

J'essaie juste en réalité de me convaincre que ma vie n'aurait pas été meilleure. Que chaque seconde d'une vie compte et trace notre avenir.

5 novembre 2013

Je sens en permanence quelque chose qui m'étouffe. Comme un esprit qui me veut du mal. Ça peut paraître complètement fou et pourtant, j'ai vraiment cette sensation d'être guidée dans la mauvaise direction. Je fais de mon mieux pour que tout se passe bien mais je sens que je dérape.

J'ai toujours voulu être quelqu'un de bien, une personne sans histoire, à qui l'on ne peut rien reprocher. Mais à trop vouloir être irréprochable, je me perds, je fais tout de travers et, à chaque faux pas, je ne peux me le pardonner.

Aujourd'hui, j'ai l'impression d'être une moins que rien, je m'enfonce dans la terre comme s'il fallait que je me cache. J'ai honte d'être celle que je suis, rien que de prononcer mon prénom, ça me dégoûte. Je voudrais ne plus être moi, ni même être une autre.

Être rien. Qu'on ne puisse pas me regarder ou même me parler. Être le vide qui ne se remplit pas. Peut-être juste un petit vent, pour pouvoir caresser les joues de mes enfants, passer dans leurs cheveux longs, entendre leurs jolies voix et sentir un sourire au bout de leurs lèvres. Voilà, rien de plus.

Un petit vent de printemps qui déposerait des pétales de rose devant les gens que j'aime, celui qui les pousserait délicatement vers l'avant pour qu'ils y arrivent plus facilement, qui sera toujours présent, en restant transparent. Un petit vent d'été qui les protégerait de la chaleur, en soufflant délicatement un léger air frais.

Un petit vent d'automne qui balaierait les feuilles mortes de leur jardin et de leur porte. Puis un petit vent d'hiver, qui pousserait les nuages pour laisser les rayons du soleil les réchauffer et faire briller la neige.

Oui, c'est exactement cela que je voudrais être, si seulement je le pouvais, mais je suis obligée d'être ici. C'est mon destin, celui que l'on ne choisit pas, mais que l'on peut essayer de rendre plus agréable avec de la volonté.

Encore aujourd'hui, je galère, j'ai beaucoup de mal à me concentrer, la douleur a pris le dessus, ce n'est pas la même que lorsque j'étais enfant, mais elle vient de la même chose. Cette chose qui me bouffe la vie, celle contre laquelle je me bats en permanence, le regard que j'ai envers moi-même est son reflet. La souffrance m'a accompagnée chaque jour, de façon différente, depuis cinq ans, c'est mon corps qui se rebelle en m'écrasant de sa colère ; oui, mon corps est en colère, il me fait comprendre que c'en est trop et que je dois me libérer du mal. Il y aurait une solution radicale, mais elle serait très égoïste et lâche ; non, je ne me foutrai pas en l'air, sinon, pourquoi avoir attendu si longtemps. Je vais simplement laisser faire la nature.

Le vent

J'entends les gouttes de pluie tomber sur les vitres,
J'aperçois le ciel gris et lourd à travers l'eau qui coule à flots.
Je regarde, et je vois le reflet de mon visage, flou et brouillé,
C'est comme si le temps avait compris.
Le vent souffle dans les arbres presque nus,
Et plus rien d'autre ne compte, le temps se fige.
Le jour s'efface et la nuit prend place dans le froid du silence,
alors plus rien n'a d'importance, le vent tourbillonne
Et semble vouloir étouffer tous les obstacles
Qui se trouvent sur son passage,
Il s'engouffre dans les moindres recoins du paysage
Pour ne pas laisser une seule chance à la vie.
Alors que la pluie commence à cesser,
Me voilà inondée par mes propres larmes,
Alors que le vent se calme et se tait,
Mon souffle l'accompagne en secret,
Le paysage a beau être sombre et triste,
Il me suffit de fermer les yeux,
Alors je peux enfin sentir la chaleur
De mon cœur qui s'enflamme
De l'amour que je vous ai tant porté,
En me dessinant délicatement un dernier sourire
Au bord des lèvres,
Il finit par m'éteindre à jamais.

28 novembre 2013

Troisième séance de thérapie, je ne sais pas si ça me fait du bien ou du mal, en fait, ça fait les deux. C'est une drôle de sensation, à chaque fois que je sors de mon rendez-vous, je rentre dans ma voiture et m'effondre en larmes.

Ça me fait peur, j'ai décidé de dire tout ce que j'ai sur le cœur, mais le problème c'est que je ne sais pas trop ce que je ressens, je sais juste que je suis complètement perdue et que je tourne en rond. D'un côté, parler me soulage, mais de l'autre, ça fait ressortir des choses qui me font si mal. Je sais parfaitement que ça va être très dur, j'ai peur de changer, car en fait depuis quelque temps je me trouve différente, et je sens que ça continue mais pas dans le sens que j'aimerais.

Qui suis-je vraiment ? Mon mari va-t-il aimer cette femme que je suis en train de devenir ? Celle qui se détache, qui en a marre de vouloir montrer la perfection alors qu'elle en est loin, elle qui est prête à tout pour faire plaisir et être aimée de tous. Il connaît la femme que j'ai voulu être jusqu'à présent, mais je parle de la vraie, celle qui ne veut plus se cacher derrière une fausse image et que j'ai peur de découvrir.

Me voilà seule. Je dis seule parce que cette fois il n'y a que moi qui doive décider. Je dois prendre en main ma vie et savoir ce qui est bon ou pas. Je crois bien que c'est la première fois que je me retrouve dans cette situation, est-ce mal ou au contraire une belle occasion ?

On le saura vite, je pense. Ma vie va changer, mais cette fois c'est moi qui l'aurai voulu. Je dois tout remettre en ordre dans ma tête et accepter de mettre mes rêves au fond d'une boîte fermée à clé afin de ne pas regretter. Le futur que j'imaginais ne sera pas le même, il va falloir que je fasse le deuil de beaucoup de choses.

2 décembre 2013

Ça fait maintenant trois semaines. C'est très difficile. Je ne me rendais pas compte de toute la souffrance qu'il y avait en moi, depuis presque toujours. J'ai décidé de tout déballer à cette personne avec qui je me sens bien, elle n'est pas là pour me juger, mais au contraire pour m'aider. Je me fais peur. Comment vais-je réussir à surmonter tout ça, et à accepter que jusqu'à la fin de mes jours la maladie soit en moi. Celle qui me ronge et que j'ai provoquée sans le vouloir. Oui, je me suis fait tomber malade toute seule, juste à cause de cette image que j'ai de moi, de ce dégoût, de cette honte.

Comment peut-on avoir si peu d'attention envers soi-même. Je ne pensais pas me détester à ce point. C'est pour cette raison que j'ai autant d'amour pour les autres. Ça compense. À travers eux, je me sens bien, parce qu'ils m'aiment de cette image que je veux bien renvoyer. Ce qui me rend heureuse c'est de pouvoir être utile dans l'existence de quelqu'un, que l'on pense du bien de moi. Je suis rarement critiquée parce que je fais tout pour plaire à tout le monde. Je trouvais ça normal, même si ça me fout dans le pétrin quelquefois, ce n'est pas grave, je me débrouille. Et puis, moi, on s'en fout.

Enfin, je commence à ouvrir les yeux tout doucement, c'est très difficile. Cette personne, ce n'est pas moi, je l'ai fabriquée comme une sorte de carapace, pour ne pas m'effondrer. J'aurais pu mourir plusieurs fois sans elle, elle m'a empêchée de passer à l'acte, celui de la libération. Encore aujourd'hui, j'y pense. Je ne sais pas jusqu'où tout cela va me mener. Je voudrais juste que ça ne fasse pas trop de dégâts dans ma vie et que ce que j'ai réussi à construire tienne debout.

Ce qui est certain, avant que ma vie ne soit bouleversée, c'est que la petite fille que j'étais, aimait sa famille plus que tout au monde. Le reste de moi, je ne sais plus.

Chapitre VI
Délivrance

Pendant ma thérapie, j'ai appris que j'avais le droit d'en vouloir à ma famille de n'avoir rien vu, de ne pas avoir compris les quelques signes de détresse que je lançais maladroitement. En réalité, le plus difficile pour moi, en ce qui concerne mes proches, c'était d'entendre des personnes que j'aimais me rappeler à quel point notre médecin idolâtré me trouvait belle, qu'il disait que la natation me faisait un beau corps, que j'étais bien faite. D'entendre de leurs bouches que si je tombais malade, c'était parce que je voulais voir mon docteur préféré, qu'il me manquait. Toutes ces paroles étaient comme un coup de massue sur la tête. Il avait retourné le cerveau de ces êtres qui m'étaient chers. Même lorsque je pouvais avoir des moments agréables en famille, il était là, dans les discussions, il s'immisçait dans chaque petit recoin de mon existence. C'était comme si le mal qu'il me faisait subir était approuvé par tous mes semblables. Aujourd'hui, je comprends que ces personnes étaient tout simplement des victimes elles aussi. Je leur pardonne de m'avoir involontairement fait du mal, car je sais que ce n'était pas du tout leur intention, et je suis certaine qu'elles ont beaucoup souffert de cette douloureuse révélation.

Maman,

Ma douce, j'ai aujourd'hui le regard d'une mère, et je te plains. Je sais maintenant que tu as vécu un enfer dès le jour où j'ai tout avoué. Tu as été accusée à tort de négligence à mon égard, alors que moi seule ai le droit de te juger. Je ne t'en ai jamais voulu, je te le promets. Comment aurais-tu pu comprendre ce que j'étais en train de vivre ? Tu as été abusée par la confiance que tu avais en cet homme. Il a ôté l'insouciance et la pureté de ton enfant, moi que tu pensais protéger en lui confiant ma santé. Tu m'as crue, tu m'as soutenue. Ta présence ne m'a jamais quittée et encore aujourd'hui, tu es là, pour m'écouter, pour m'aimer, me soulager et pour m'aider à écrire ce livre qui est aussi un peu le tien. Alors je te remercie pour tout ça, mais aussi de m'avoir guidée doucement sur le chemin de la vie, celui qui m'a fait devenir une maman à mon tour, qui continuera, je l'espère, à recevoir autant d'amour que j'en ai pour toi.

Papa,

Mon plus grand regret, ce sont les années perdues avec toi, celles où je t'ai rejeté. À présent, je te regarde encore avec mes yeux de petite fille car tu es toujours le même dans mon cœur. Tu as été très présent dans ma vie, tu as abandonné ta passion pour m'élever. Tu étais là pour ma première dent, mes premiers pas, mes premières règles. Un papa protecteur, juste et attentionné. Toi non plus, tu ne pouvais pas savoir le mal que l'on me faisait. Tu as également été abusé par cette personne, elle t'a enlevé pendant trop longtemps la complicité que tu avais avec moi, ta fille. Tout ce que je voulais lorsque j'étais petite, c'était tout simplement ta fierté. Je pensais alors que l'humiliation que j'étais en train de subir, m'enlevait ce droit. Je sais que tu t'en es voulu de ne pas avoir pu me protéger à ce moment-là, mais saches que je ne t'en ai jamais tenu rigueur. D'ailleurs maintenant, c'est moi qui te demande pardon de t'avoir fait croire que tu ne comptais plus, car en réalité, au plus profond de mon être, tu as toujours été mon pilier, et en voulant me punir d'avoir été souillée, je te punissais aussi inconsciemment.
Papa, la vie a voulu nous séparer, mais aujourd'hui notre amour est plus fort et il est éternel.

Princesse et Tristesse

C'est l'histoire d'une maman qui cherchait un moyen de faire comprendre à ses enfants que le monde qui nous entoure a des pièges cachés. Quelquefois, ils sont justes devant nos yeux, mais on ne les voit pas. Elle était tombée dans l'un d'eux, un jour, et ne voulait surtout pas que cela arrive à ses petites filles. Alors elle décida d'écrire un conte de fées pour qu'elles puissent comprendre en douceur.

Il était une fois, une petite fille de onze ans qui vivait près d'ici, dans une grande et jolie maison. Elle habitait avec son papa, sa maman et ses deux frères.

Ses parents l'avaient appelée Princesse, pour que sa vie soit belle comme un conte de fées, et jusqu'à présent son prénom lui avait bien porté chance.

Très souvent, la maman de Princesse lui racontait qu'il existait un méchant sorcier qui aimait faire du mal aux petites filles, et qu'il fallait qu'elle soit bien prudente :

« Attention, Princesse, dit-elle, ne laisse jamais le méchant sorcier s'approcher de toi, car il pourrait te faire beaucoup de mal. »

Un jour, la petite fille tomba malade, alors ses parents décidèrent d'appeler le docteur :

« Bonjour, docteur, venez vite, Princesse est malade, vous devez la soigner.

Le docteur répondit :

— Ne vous inquiétez pas, j'arrive tout de suite.

Quelques minutes plus tard, il frappa à la porte.

— Toc toc, c'est le docteur.

Le papa ouvrit la porte à cet homme si gentil de soigner les gens malades et lui dit :

— Elle est couchée dans son lit, je vous y accompagne.

Le gentilhomme répondit :

— Ne vous inquiétez pas, je sais où est sa chambre, je monte vite m'occuper d'elle, restez avec vos garçons.

Voici que le docteur entre dans cette jolie pièce où la petite fille s'était blottie dans son lit.

— Bonjour, ma belle, lui dit-il d'une voix douce, n'aie pas peur, je suis là pour ton bien.

Tout à coup, il ferma la porte de la chambre à clé ainsi que les volets.

— Mais que faites-vous, docteur, il fait noir et j'ai peur.

— Tu as raison de trembler car en vérité je ne suis pas aussi gentil que tout le monde croit. En fait, c'est moi le méchant sorcier, et comme j'aime faire mal aux petites filles, je vais te jeter un sort qui ne pourra jamais être rompu.

Il mit son gant ensorceleur et prononça la phrase suivante :

— Princesse tu ne seras plus. Tu ne grandiras pas et très laide tu seras. À présent, tout le monde t'appellera Tristesse et personne ne pourra voir ta souffrance.

Sur ces mots effrayants, le méchant docteur disparut et Princesse devint Tristesse. Pendant des mois entiers, sa famille ne s'aperçut de rien, comme l'avait prédit le sorcier.

La fillette avait un chat. Une jolie petite minette qui était sa meilleure amie. Elle s'appelait Bonbonnette. Un jour, Tristesse se confia à elle, et celle-ci lui conseilla de tout dire à sa maman. Il faut toujours tout dire à ses parents. Ils sont là pour nous aider et nous écouter.

Alors, trois ans après l'ensorcellement, l'enfant prit son courage à deux mains et avoua ce lourd secret qui l'épuisait à sa mère. Évidemment, celle-ci crut sa fille immédiatement et monta avertir son mari. Ils avaient beaucoup de chagrin et voulaient aider leur chère enfant à redevenir ce qu'elle était avant. Les deux frères de la pauvre fillette lui donnaient autant d'amour qu'ils pouvaient, ce qui l'aida beaucoup à garder le sourire.

Un beau jour, celui des seize ans de Tristesse, Bonbonnette, sa fidèle amie s'éleva dans le ciel, entourée d'une lueur magique et dit :

— Tu as été très courageuse d'avoir parlé à tes parents, alors aujourd'hui, pour ton anniversaire, je peux exaucer ton vœu le plus cher, en sachant que je ne peux malheureusement pas briser le sortilège du sorcier.

Alors Tristesse pensa très fort, il ne fallait surtout pas qu'elle se trompe de vœu.

— Je fais le vœu, dit-elle en fermant les yeux et les poings ; puisque je ne peux plus être Princesse, je voudrais la voir et m'assurer qu'elle va bien et qu'elle est heureuse là où elle est.

Aussitôt, devant elle, se tint une jolie jeune fille.

— Mais c'est moi, dit Tristesse étonnée, j'ai l'impression d'être devant un miroir.

— Oui, répondit l'adolescente, avec un grand sourire. Je suis bien toi, avant que l'on ne te jette le mauvais sort. À présent, je suis comme une sœur pour toi, et j'ai moi aussi un cadeau à t'offrir pour tes seize ans, car je peux également faire un vœu.

Princesse était tellement triste de voir celle qu'elle était devenue, qu'elle fit le souhait suivant :

— Je veux que Tristesse vive dans un grand et bel endroit où elle pourra se sentir heureuse.

D'un coup, Tristesse disparut. Ses parents et ses frères la cherchèrent. Impossible de la trouver, mais où était-elle donc passée ?
Soudain, la jeune fille entendit une toute petite voix :

— Je suis là, Princesse, je suis là, dans ton cœur. »

Eh oui, voici le bel endroit, grand et beau que la magie avait choisi pour Tristesse. Princesse se retrouva alors avec Tristesse dans le cœur.
Un jour d'été de cette même année, Princesse se rendit à un bal avec ses amies, et elle aperçut un beau jeune homme ; celui-ci lui chanta une très jolie chanson dans laquelle il lui promettait de la protéger pour toujours. Tous deux tombèrent amoureux.
Quelques années plus tard, Princesse donna la vie à un merveilleux petit ange appelé Étoile. Doucement, Tristesse, qui vivait toujours dans ce grand cœur commença à perdre de sa laideur. Trois ans après, une autre magnifique petite fille se joint à cette belle famille, qui la nomma Fée.

Il y a tellement d'amour à présent dans le cœur de Princesse, que Tristesse nage dans le bonheur.

Mes deux moi

J'aimerais tant te le dire
Mais comment trouver les mots.
Des mots si forts ça n'existe pas.
Il y a des choses que l'on ne peut expliquer
Mais que l'on ose exprimer.
De mon cœur si lourd de tant d'amour,
Qui se remplit de jour en jour
De tous nos souvenirs,
De notre avenir.
Pas une seconde ne s'écoule
Même dans un monde qui s'écroule
Dans mon être qui se chamboule
Sans que mes peines se troublent.

Je veux juste te dire mon enfant,
Que ton rire est le plus important,
Et que le pire sera atténué
Par le sourire que tu garderas à jamais.

Quel bonheur d'être maman,
Dans mon cœur est mon enfant,
Tu es ma vie, tu es mon sang,
Ma petite fille que j'aime tant
Puisque tu aimes les contes de fées,
Laisse-moi te raconter
L'histoire de mon passé, celle qui t'a créée.
C'est magique la vie, il suffit d'y croire,
C'est magique la vie, il faut juste le vouloir.

J'aimerais tant que tu comprennes
Mais comment trouver les mots.
Des mots si forts ça n'existe pas.
Du jour où je t'ai sentie, toi la vie
D'un amour indéfini, j'ai grandi.
Tes petites mains au creux des miennes,
Mon chagrin n'est plus le même.
Tes yeux colorés de mystère
Du bleu hérité de ton père
Tu es de moi et puis de lui
Toi et toi nos deux moi
Tu es de moi, tu es de lui
Toi et toi ma chérie.

Je dépose sur ta joue un baiser éternel,
Je pose des mots d'amour
Au creux de ton oreille,
Je baisse mes armes qui me blessent le cœur
Puis sèche tes larmes et apaise tes peurs.

Quel bonheur d'être maman,
Oui, dans mon cœur est mon enfant,
Elle est ma vie, elle est mon sang,
Ma petite fille que j'aime tant
Puisque tu aimes les contes de fées,
Laisse-moi te raconter
L'histoire de mon passé, celle qui t'a créée.
C'est magique la vie, il suffit d'y croire,
C'est magique la vie, il faut juste le vouloir.

Je vous le dis maintenant et pour la vie,
Avec mes propres mots, ceux que je ressens
Les mots les plus forts de tous mes sentiments.
Pour vous, mes amours,
Même si j'ai peur, même si j'ai mal,
Je sourirai chaque jour.
Pour vous, mes cœurs,
Aucune douleur, aucun scandale,
N'effacera mon bonheur.
Je passe mes doigts dans vos cheveux d'or
Et vous enlace mes trésors
Dans mes bras fragiles
Toi et toi, mes deux filles.

Je serai pour toujours à vos côtés,
Je vous le promets.
De cet amour éternel,
Je vous le dis, je vous aime.

Quel bonheur d'être maman,
Oui, dans mon cœur sont mes enfants,
Vous êtes ma vie, vous êtes mon sang,
Mes petites filles que j'aime tant
Vous qui aimez les contes de fées,
Laissez-moi vous raconter
La belle histoire de mon passé,
Celle qui vous a créées.
C'est magique la vie, il suffit d'y croire,
C'est magique la vie, il faut juste le vouloir.

Nous sommes le 28 avril 2016 et l'envie de clore ces pages m'est intense. Peut-être parce qu'il fait beau, et que la fin sera belle. Le printemps vient doucement prendre place sur nos arbres qui grandissent, sur nos penderies qui se désemplissent, sur nos pieds qui se dénudent ; il nous libère de l'hiver avec quiétude. Ce jour est aussi celui de l'anniversaire de ma belle-sœur, alors j'en profite pour lui faire un petit clin d'œil afin de la remercier d'avoir accepté de me lire en avant-première. Je souhaitais connaître son avis car elle aime particulièrement les histoires vraies, les témoignages. Elle a su me conseiller en se mettant à votre place, vous qui ne me connaissez pas, et la vôtre, vous qui ne saviez pas vraiment.

La première à avoir découvert les pages de ce recueil est ma mère, elle a pu me raviver la mémoire par des dates, des détails qui ont pu me faire avancer. Elle s'est mise à la place de toute ma famille qui, je l'espère, comprendra et ne changera pas l'image qu'elle a de moi. Je vous remercie de tout mon cœur toutes les deux pour votre aide précieuse, mais aussi mes frères, ma petite belle-sœur, mon père, mes beaux-parents, mes amis à qui j'ai confié mon souhait, mais surtout mon mari, mes filles, pour m'avoir soutenue, cru en moi et sans qui je n'aurais pu finir mon livre.

Alors que sur le papier ma vie s'épaissit, mon corps se vide de tout ce poids. Je libère mon âme pour toujours par le biais de mon clavier, en écrivant avec amour toute ma sincérité.

Vous, les personnes qui me lisez, je vous remercie de partager pendant un petit moment mon intimité ; grâce à chaque mot que j'ai écrit et que vous êtes en train de découvrir, je me guéris. Je vais enfin pouvoir déchirer et brûler chaque feuille de ce fameux dossier bleu, car j'ai réuni le nécessaire dans ces lignes. Le reste n'a plus d'importance. Je vais donc pouvoir faire le deuil, non pas de mon enfance, mais de sa souffrance qui m'a hantée jusqu'à ce jour. À présent, ma vie prend un nouveau sens, les souvenirs ne me font plus peur, les noms, les mots, les endroits qui m'effrayaient, sont du passé, celui qui finalement n'a pas réussi à me détruire, mais qui, par l'espoir et l'amour, m'a donné la force d'avancer et de comprendre que j'ai le droit, moi aussi, d'être heureuse. Je tiens à rester moi-même, moi qui ne voulais plus être rien. Je vais continuer à regarder le bon côté des choses, celui qui sauve. Je vais profiter de chaque moment, entourée de ma grande famille qui a tellement d'importance à mes yeux. Je me rends compte aujourd'hui plus que jamais que, même si la vie nous semble injuste quelques fois, nous devons comprendre que, sans la douleur, nous ne pouvons pas savoir que l'on ne souffre pas, que sans malheur, nous ne pouvons pas savoir que nous sommes heureux, et que sans haine, nous ne pouvons pas savoir à quel point l'on aime.

Je réalise enfin un de mes souhaits les plus chers, celui que je n'aurais jamais pensé pouvoir faire et que vous tenez dans vos mains.

Mon amour,

Ce retour dans le passé m'a chamboulée. J'aimerais écrire ces dernières lignes pour toi, mon sauveur. Je me rends compte que, sans cette histoire de mon enfance, nos routes ne se seraient certainement jamais croisées. Notre rencontre s'est faite quelques jours après le procès, celui sans lequel je n'aurais pu être assez soulagée pour pouvoir trouver l'amour. Notre début d'aventure ensemble a été intense, difficile quelques fois. Tu m'as trouvée plus bas que terre, m'a pris la main, m'a relevée. Tu m'as appris à me battre, à être plus forte tout au long de notre beau chemin. C'était toi que j'attendais, toi, mon prince, celui qui m'a fait espérer, rêver lorsque j'en avais tant besoin. Ensemble, nous avons fondé cette famille que je désirais tant, celle que je pensais ne pas mériter. Par ces mots, je te remercie d'avoir réalisé mes rêves. Merci pour ton soutien quotidien. Pour ta compréhension, ta patience. Tu es un mari et un papa merveilleux, n'en doute jamais.

Mon sauveur,

J'étais une petite fleur
Fanée par le temps
Qui assèche les cœurs.
Tu aurais pu m'écraser,
Comme d'autres l'ont fait.
Mais tu m'as cueillie en douceur
Avec mes racines presque mortes
Et m'a trouvé un petit coin de jardin
Abrité de tes mains.
Chaque jour, tu m'arrosais
De tes paroles rassurantes et charmeuses
Puis de ton amour me fit grandir, grandir.
Je garde quelques pétales abîmés
Par la violence de la vie
Mais ils sont bientôt cachés
Par les autres qui se colorent et se multiplient.
Mes racines meurtries prises
Dans le peu des tiennes
Se sont soudées dans cette terre,
Puis la nature mélangea le meilleur de nous
Et offrit la vie.
Le ciel nous arrosera de sa pluie,
Il nous souillera par la pollution,
Nous réchauffera tous les étés
Et de son vent voudra nous arracher.
Mais nos souches liées à tout jamais
Tiendront chaque saison
Dans cette terre qui pour toujours
Respirera notre amour.

(35 ans)

Je suis,

Belle, certains jours,
Comme la lueur de mon cœur qui bat.
Celle qui trouve l'amour,
Comme les heures que l'on ne voit pas.
Aimée pour qui je suis,
Comme le soleil pour sa chaleur.
Parfumée du plus beau fruit,
Comme un sommeil sans rancœur.
Heureuse comme au cinéma, comme les rêves de femme.
Diseuse de bonne foi, mes lèvres s'exclament.
Mère d'enfants gâtés, comme une famille, la mienne.
Mer vaguant de beauté, comme ne brille plus la haine.
Une maman heureuse, aimée et réelle,
Qui, en ce temps de rêveuse, n'a plus peur de se brûler les ailes.
Tu as compris ces quelques mots,
Qui se bousculent dans mes rêves
Ceux qui disent que la vie est un cadeau,
Et que la mort est notre peine.
Tu m'aimes et me rends heureuse,
Comme un souhait qui s'est réalisé.
M'a emmenée au milieu des étoiles lumineuses,
À qui j'ai pu me confier.
Tu as trouvé la patience de l'amour,
Pour me comprendre, chaque jour
Lorsque je parle de mes souffrances
Et de l'espérance qui m'entoure.

À vous, mes amis, ma famille, que je remercie de m'avoir aidée à devenir qui « je suis ».

Table des matières

Edition : BoD - Books on Demand
12/14 rond-point des Champs Elysées, 75008 Paris
Imprimé par Books on Demand GmbH, Norderstedt, Allemagne
ISBN : 9782322156504
Dépôt légal : avril 2017